Sloggi die boa und das Leben an sich

Erschienen im Oktober 2020

Haldenstraße 25, 71254 Ditzingen
Telefon (0 71 56) 93 72 00
www.fischerlautnerverlag.de
Umschlaggestaltung, Satz, Layout und Druck:
Lautner. Druck und Medien, Ditzingen
ISBN 978-3-9457180-7-0

Sloggi die boa und das Leben an sich

Gedanken und Erinnerungen des Stuttgarter Partymachers Werner Find

Christa Gießler

Inhaltsverzeichnis

Ich möchte nicht in Besprechungen sein,
in denen aufgeblasene Egos aufmarschieren.

Ich möchte mich mit Menschen umgeben,
die es verstehen,
die Herzen anderer zu berühren.

Ja, ich habe es eilig,
ich habe es eilig,
mit der Intensität zu leben,
die nur die Reife geben kann.

MARIO DE ANDRADE

portugiesischer Dichter

Einstimmung

Werner Franz Emil Find. Naja. Man denkt: Wer so heißt, wird vielleicht Buchhalter oder Bauingenieur. Man ahnt aus der Aneinanderreihung dieser braven Vornamen heraus ein „konservatives“ Elternhaus und vermutet gar einen Namensträger, der vielleicht schon den Ersten Weltkrieg miterlebt hat.

Franz, so hieß der Opa, Emil der Bruder des Vaters. Und Werner wurde zu seinem eigenen Rufnamen. So nannten ihn die Eltern, seine Verwandten und auch die Schulkameraden und Freunde, bis ... bis er als Jugendlicher dann zu seinem Spitznamen „Sloggi“ kam!

Und während der Name Werner Find im Gespräch mit Stuttgartern oft nur Schulterzucken auslöst, wird „Sloggi“ von vielen sofort mit jenem „bunten Hund“ in Verbindung gebracht, der 1977 die bekannteste Stuttgarter Disco mitbegründet, sie seit 1989 als alleiniger Gesellschaft geführt und durch wechselnde Zeiten hindurch gesteuert hat. Auch nachdem 2016 ein neuer Partner eingestiegen war, wurden „Sloggi“ und die „BOA“ meist in einem Atemzug genannt.

Und das ist bis heute so. Obwohl Sloggi seit 2019 aus der Geschäftsführung „raus“ ist.

Doch es ist auch nicht nur die BOA, an die man bei seinem Spitznamen denkt, es sind auch viele andere Events in Stuttgart und anderswo, die er mit seinem Organisationstalent und seiner flinken Schnauze auf den Weg gebracht und erst lebendig, zur tollen Party gemacht hat. „Schnauze“ darf ich hier sagen, obwohl er kein Berliner, sondern ein waschechter Stuttgarter ist.

Als Eloquenz oder rhetorische Begabung hätte ich seine Begabung zu spontaner, flüssiger und witziger Rede auch bezeichnen können, aber „Schnauze“ passt gut zu seiner trotz aller Bekanntheit bodenständig gebliebenen Wesensart und zu dem Schnauzbart, der gewissermaßen mit zum Markenzeichen Sloggi gehört.

Im Gespräch erzählt er: „Einmal habe ich meinen Schnauzbart, den ich schon ewig trage, abgeschnitten – aber nachdem ich mich dann bei jedem neu vorstellen musste, kam er schnell wieder dran.“

Wieso ihn („mit Schnauzbart“) so viele so lange schon kennen, wie er zu Sloggi und später zum Partymacher wurde und weshalb er als inzwischen 69-Jähriger erklärt, dass er keine Zeit mehr mit absurden Menschen vergeuden will – darum wird es in diesem Buch gehen.

1 Ein kleiner Stuttgarter

Seine Mutter hatte ihr erstes Kind, seine damals erst elf Monate alte Schwester Annelie, 1943 auf der Flucht von Brünn nach Wien verloren. Die Kleine war durch die Entbehrungen und die Härte der Flucht regelrecht verhungert.

Vielleicht ist das die Ursache dafür, dass Werner als Einzelkind aufwuchs, immer überbehütet wurde und zu viel Sorge, aber zu wenig Zärtlichkeit erfuhr.

„Ich kann mich nicht daran erinnern, dass Mutter mich in den Arm genommen und gestreichelt hätte", erzählt er.

Wenn er als kleiner Junge mit einer Erkältung und Fieber im Bett lag, war die Mutter beständig in Angst um ihn, kochte Tee, holte eine wärmere Decke oder wachte vor lauter Sorge nebenan in der Küche darüber, dass es ihm an nichts fehlte. Aber sie nahm ihn nicht in die Arme, um ihn bei Schmerzen oder schlechten Träumen zu trösten. Schwer vorstellbar für die meisten von uns ...

Aber wer kann schon wissen und nachempfinden, was Frauen wie sie schon vor der Flucht und während der grausamen Monate im Track erlebt hatten, und wer kann heute beurteilen, wie schwer den Flüchtlingsfamilien der Neuanfang in einer neuen Heimat wurde.

Ein Kind zu verlieren und zugleich die Stütze für die alten Eltern sein zu müssen – das wird auch Werners Eltern damals eine Menge der Kraft und Lebensfreude genommen haben, mit der junge Menschen unter normalen Umständen an die Gründung einer eigenen Familie gehen.

Sloggi weiß wenig von den Erlebnissen seiner Eltern in jener Zeit und von den Erfahrungen, die dann in der neuen Heimat Stuttgart auf sie warteten.

Der Vater hatte vor dem Krieg schon einen Sohn mit einer anderen Frau gehabt. Werners Halbbruder Otto. Zu diesem gab es später häufigere Kontakte. Sloggi besuchte ihn dann manchmal in der Schreinerei, die der Halbbruder als junger Erwachsener gegründet hatte. Ottos Sohn Tilo macht bis heute einen Großteil der „Verwandtschaft“ aus, die es für Werner gibt ... bzw. die es in seinem Fall kaum gibt. Denn eigentlich ist er, was familiäre Einbettung betrifft, eher arm dran. Denn es gibt kaum Verwandte in seinem Fall. Vermisst er das? „Manchmal ...“, sagt er nachdenklich. Aber dann ergänzt er: „Aber meistens nicht! Ich bin nicht so der familiäre Typ.“

Der Halbbruder ist vor einigen Jahren bereits verstorben, der familiären Verbindungen wären es so noch weniger geworden, wenn sich nicht zugleich neue entwickelt hätten – nämlich die, die sich mit und über Elli ergeben haben. So ist nun auch sie schon kurz in diese Biografie eingeführt – Sloggis Ehefrau. Eine, die die zweite ist und die mir gleich bei unserem Kennenlernen klar sagt, dass sie n i e Sloggi zu ihrem Mann sagen würde und dass sie auch nie als Sloggis Frau bezeichnet werden wolle. Da hört man heraus, was es später noch ausführlicher zu erzählen gibt: Werner Finds „Gattin“ ist eine, die nicht nur schöne Haare auf dem Haupt, sondern auch welche auf den Zähnen hat, wenn es darum geht, dass sie sich als eigenständiges Wesen an der Seite dieses stadtbekannten bunten Hundes behaupten muss.

Und schon ist auch das Wort Hund zum zweiten Mal gefallen, das sich für Sloggi und Elli mit gleich doppeltem Gewicht verbindet: Ihre beiden Malteser-Hunde Angie und Bobby, die aus dem aktuellen Leben der beiden Finds nicht wegzudenken sind.

Nun aber erst mal wieder zurück in die 50er Jahre, als am 3. April 1951 im Stuttgarter Marienhospital Werner Franz Emil Find geboren wurde.

Für damals passte dieser lange, in die Familiengeschichte zurückverweisende Name. Die Eltern wollten es so, dass ihr Einziger damit ausgestattet war. Der Vater arbeitete bei seinem Bruder als Schreiner, die Mutter war Hausfrau und kümmerte sich um den kleinen Sohn. Damals gab es noch Verwandtschaft und, durch die gemeinsame Flucht bedingt, auch enge Verbindungen zu ihr und einen gewissen Familienstolz. Der Großvater väterlicherseits, mit Vornamen Wilhelm, war ehemaliger Kaiserlicher Hofschreinermeister gewesen und erzählte manchmal davon, was bei Hofe so alles passiert war. Dazu passte, dass er einen großen Wallebart trug und auch ein bisschen anders sprach als die Leute, mit denen die Finds in ihrem Umfeld zu tun hatten. Immer am zweiten Weihnachtstag traf man sich bei den Großeltern in Gerlingen.

Eine große Verwandtschaft kam da zusammen, denn die Großeltern hatten 14 Kinder. Vier weitere waren bei der Geburt gestorben.

Die Großeltern mütterlicherseits, die früher in Brünn eine angesehene Lehrerfamilie gewesen waren, hatte es durch die Flucht nach Traunreut in Bayern verschlagen.

Auch eine Schwester der Mutter wurde dort heimisch. Sie besaß einen lieben Hund, einen Terrier, der Lady hieß. Dieser war der Grund, dass sich Werner als Kind immer auf die Besuche bei der Tante freute. Mit Lady konnte er tollen, und überhaupt waren die Ausflüge und Unternehmungen dort im bayerischen Umfeld sehr abwechslungsreich und frei, und oft waren sie mit Erzählungen und Erinnerungen an frühere Geschehnisse verbunden.

Das war etwas ganz anderes als das, was Werner in der eigenen kleinen Familie erlebte.

Die Mutter sprach kaum über ihre Erinnerungen an die alte Heimat und an die Flucht. Noch weniger sprach der Vater darüber. Und über seine Erlebnisse im Krieg sprach er überhaupt nie.

Es mussten schreckliche gewesen sein, denn er hatte fast jede Nacht heftige Alpträume. Die Eltern redeten auch tagsüber, oder wenn der Vater abends von der Arbeit kam, wenig miteinander. Dass bei ihnen gelacht, gespielt oder gemeinsam etwas unternommen wurde, kam kaum vor. Oder hat Werner es nur vergessen, haben sich die Erinnerungen an das ständige Kümmern, die Ängste und das viele Schweigen der Eltern zu sehr in den Vordergrund geschoben?

Er erinnert sich aber daran, dass der Vater fast jeden Sonntag mit ihm von der Wohnung aus in die Adlerstraße, zum Stuttgarter Hauptbahnhof und wieder zurück ging. Manchmal, wenn sich der Vater mit ein paar Bekannten zu einem Bier in einem Lokal oder bei einer Veranstaltung traf, war er kaum wiederzuerkennen, dann erzählte heiter von kleinen Vorfällen oder auch mal Witze – ein ganz anderer Vater als der, den Werner zuhause erlebte. Vielleicht war es zwischen den Eltern auch deshalb immer angespannt, weil der Vater vor dem Krieg schon mal verheiratet gewesen war und auch mit dieser ersten Frau einen Sohn hatte?

Im Frühjahr 1957 – er war im April gerade 6 Jahre alt geworden – wurde Werner in der Stuttgarter Heusteigschule eingeschult. Schon da war er der Kleinste in der Klasse, und er blieb auch in späteren Klassen und Gruppen meistens der Kleinste.

Bald schon redeten die Eltern davon, dass sie demnächst umziehen würden. Die Mutter hatte eine weitere Schwester, die mit einem Großsachsenheimer Bauunternehmer verheiratet war, dem Inhaber der dortigen Bau- und Siedlungsgesellschaft (BSG), mit Dependance in Bayern.

Der Vater konnte ein Grundstück seines Schwagers kaufen und begann damit, in Großsachsenheim ein kleines Haus für sie zu bauen. Ihre Zeit in Stuttgart war damit bald vorbei.

Die Erinnerungen an sein erstes Schuljahr in der Adlerstraße im Stuttgarter Süden sind bei Werner schon weitgehend verblasst. Aber die Straße, in der sie wohnten, die Nachbarjungen, mit denen er spielte und die kleinen Läden, in die er zum Einkaufen geschickt wurde, haben sich ihm so eingeprägt, dass er sich nach dem Umzug eigentlich immer ein bisschen in s e i n e Stadt zurücksehnte. Sein Stuttgart – bis heute ist es dabei geblieben. Er reist inzwischen sehr gern, aber einen anderen Lebensort mag er sich nicht vorstellen.

Von den ersten Schuljahren weiß er noch, dass ihm das Schreiben- und Lesenlernen nicht sonderlich viel Spaß gemacht hat. Aber Musik, besonders das Singen gefiel ihm sehr, er besaß eine gute Stimme. Ein Lehrer hatte den Eltern vorgeschlagen, dass sie ihn bei den Stuttgarter Hymnus-Knaben vorstellen sollten. Da aber stand ja schon fest, dass sie nach Großsachsenheim ziehen würden. 1959 war es so weit.

Mit der Mutter und dem Großvater

In Bayern bei der Tante – mit „Lady

Mit Conny, dem kleinen Stuttgarter Freund

Auf dem Arm des Vaters

Mit den Eltern zu Hause

In der Stuttgarter Heusteigschule

Bei einem Besuch in Großsachsenheim

Mit den Cousinen Ilse und Ingrid

2 Wenn nichts geht, geht Clown

Ihr neues Haus lag unmittelbar neben dem des erfolgreichen Onkels und dessen Familie, und auch ihr Familienleben fand in dieser unmittelbaren Nachbarschaft und mit viel Nähe statt. Da der Vater nun auch in der Firma seines Schwagers arbeitete, waren sie zwar nicht mehr so allein wie manchmal in Stuttgart, hatten aber auch ein bisschen was von ihrer Freiheit eingebüßt. Der Onkel war eine stadtbekannte Persönlichkeit und kannte die wichtigen Leute im Ort, der Onkel war Vorbild und meinte es natürlich immer gut mit ihnen.

Aber wie sich der Vater in der neuen Konstellation wohl gefühlt haben mag?

Werner zumindest hatte jetzt immerzu eine liebe Mitschülerin und Spielkameradin in seiner Nähe – seine Cousine Ilse nämlich, die so alt war wie er und als einziges Kind seines Onkels und der Tante ein paar Jahre lang fast wie eine Schwester für ihn wurde. Aber nur fast! Denn natürlich – sie war ein Mädchen, spielte z.B. keinen Fußball. Und vielleicht war ein „geschwisterliches" Verhältnis schon deshalb nicht wirklich möglich zwischen ihnen, weil Ilse zum wirtschaftlich starken Teil der Verwandtschaft gehörte, während Werner und seine Eltern nun mal die Zugezogenen blieben, die hie und da Unterstützung brauchten.

Mit dem Wechsel in die Großsachsenheimer Grundschule war in seinem Fall alles beim Alten geblieben: Er fand Schule nicht besonders spannend, erwies sich aber, obwohl er weder Ehrgeiz noch Fleiß an den Tag legte, als beständiger, guter Schüler. Die Eltern kümmerten sich kaum darum, wie gut oder schlecht er lernte und was er für Noten mit nach Hause brachte. Für sie zählte, dass er ihnen keine Schwierigkeiten machte, sich ordentlich benahm und sauber gekleidet in die Schule ging. Zum Lesen hätten sie ihn im Übrigen auch gar nicht anhalten müssen, denn die Micky Maus-Hefte waren schon in den ersten Klassen ein Wochenhöhepunkt für Werner, und bald wurden auch Karl May Romane und andere Jugendbücher eine große Leidenschaft für ihn.

Wenn er von heute aus an seine Cousine zurückdenkt, verbinden sich auf Anhieb zwei Erinnerungen mit ihr. Da war zum einen die Sache mit dem Pferd: Ilses Vater hatte in Großsachsenheim einen Reiterverein gegründet. Seine Tochter war schon früh eine begeisterte Reiterin und hatte versucht, auch Werner zum Reiten zu überreden. Mit Erfolg: Er trat ebenfalls in den Verein ein und begann mit dem Reiten. Es ging auch eine Weile gut. Dann aber, bei einem großen Ausritt, warf das Pferd ihn ab und Werner musste, mit dem Zügel in der Hand, zurück zum Stall laufen.

Nie wieder Pferd!, hat er damals wohl gedacht. Und es ist auch weitgehend dabei geblieben (Allerdings soll hier schon mal ein kleiner Vorausblick in sein Mannesalter stehen: Da ist er, für eine Bütt, mal hoch zu Ross auf eine Bühne geritten!).

Er war in seiner Kindheit jedenfalls nie der verwegene kleine Kerl, der alles ausprobiert hätte, was gemeinhin von einem „richtigen" Jungen oder jungem

Mann erwartet wurde. Bei den meisten sportlichen Herausforderungen verhielt er sich eher vorsichtig, zögernd, manchmal regelrecht ängstlich. Nur beim Fußball erwies er sich als geschickt und begabt. Aber dazu später!

Hier soll noch von seiner anderen Begabung berichtet werden, eine, zu der durchaus Mut gehörte: Im Unterschied zu vielen seiner Freunde und Kumpel nämlich erlebte er es mit Freude und Spannung, wenn es in der Schule oder an anderer Stelle darum ging, sich in den Vordergrund zu begeben und etwas auf die Beine zu stellen. Damit war ja oft das Risiko verbunden, dass ein Vorhaben schief ging und man sich blamierte. Aber diesen Mut brachte er gern auf.

Schon als Neunjähriger nämlich hatte er oft Ideen, wie der triste Schulalltag etwas lockerer verlaufen konnte. Zudem bewies er auch Lehrern gegenüber Schlagfertigkeit und war einer, der nie mit den Fäusten, aber mit passenden Worten dafür sorgte, dass man was auf seine Meinung gab. Schon damals zeigte sich auch bald seine Begabung fürs Komödiantische. Das war sein Ding und das wurde sein Weg: Er konnte zwar nicht Klassenprimus sein und er blieb und war halt auch immer einer der Kleinsten. Aber dafür wurde er immer kecker, je mehr Gefallen die anderen an seiner Rolle als Clown fanden. Weil er so witzig war, nahmen die anderen ihn ernst!

Die zweite lebhafte Erinnerung, die sich mit seiner Cousine Ilse verbindet, ist die an einen großen Faschingsball. Sie waren beide kostümiert und verfolgten mit etwas Verwunderung, wie ausgelassen und ein wenig seltsam sich große und kleine Leute verhielten, wenn sie verkleidet und geschminkt waren.

Was er erlebte, fand er beeindruckend – und vielleicht war es mit ein Grund, dass er sich knapp 20 Jahre später intensiv in die baden-württembergische Karnevalsszene hinein begab.

Schon bei jenem Kinderfasching hatte er registriert, dass selbst die im normalen Leben eher reservierten Menschen im Karnevalsgeschehen plötzlich aus sich heraus gingen, andere freudig ansprachen und viel lachten. Das machte es einem leicht, dazuzugehören und auch selber Spaß zu empfinden. Eine wichtige Erfahrung!

Auch beim eigenen Vater zeigte sich in der Öffentlichkeit stärker, dass er ganz und gar nicht immer der große Schweiger war, den Werner zuhause erlebte. Bei Familienfeiern rezitierte er hin und wieder Gedichte oder erzählte Witze, dass es für Sloggi eine Freude war, ihn so zu erleben. Für die Betriebsabende in der Firma des Schwagers schrieb der Vater sogar kleine Theaterstücke, studierte sie mit ein paar Kollegen ein und bewies später in der Aufführung, dass er komödiantische Begabung besaß. Werner erfuhr nun auch, dass der Vater, bevor er in den Krieg ziehen musste, ein begabter Schauspieler am Ludwigsburger Theater gewesen war.

„Nach dem Krieg hatte er mit der Schauspielerei weitermachen wollen. Aber als er aus der Kriegsgefangenschaft kam, verlangte seine Mutter, dass er Geld verdienen und seine Familie unterhalten müsse", erzählt er mir in einem unserer Gespräche.

Man hört seiner Stimme an, dass er sich dem Vater in diesem Moment sehr nahe fühlt. Denn alle Träume des Vaters waren ausgeträumt und künstlerische Ambitionen unwiederbringlich auf Eis gelegt, als die eigene Mutter auf „Pflichterfüllung“ bestand. Wie bitter und einsam wird die Einsicht des Vaters gewesen sein, dass es nunmehr ausschließlich darum ging, im Alltag seinen Mann zu stehen.

Sloggi erinnert sich nun auch, dass er bei Hochzeiten und Veranstaltungen ab und zu zusammen mit dem Vater mit Parodien zum Thema „Wenn der Vater mit dem Sohne ...“ auftrat. „Vor Leuten stehen und laut zu reden – das habe ich damals schon gekonnt und auch genossen. Und auch, dass mein Vater und ich sowas Besonderes machten und er stolz auf mich war…“ Sloggi scheint einen Moment lang ganz in Gedanken. Dann erst erinnert er sich laut weiter:

Sein Vater schrieb später auch Lieder für den Musikverein; eine gewisse Neubelebung seiner künstlerischer Antriebe erfolgte also doch.

Und seinem Sohn schlug er immer wieder vor, unbedingt ein Instrument zu lernen.

Werner aber hatte da schon den Fußball für sich entdeckt!

Als sie erst kurze Zeit in Großsachsenheim wohnten und er die Umgebung der Stadt auskundschaften ging, hatte er eines Tages im Schloßpark eine Weile dem Fußballspiel von Gleichaltrigen zugesehen. Dann fügte es sich plötzlich, dass den Jungs für das Spiel noch ein Mitspieler fehlte. Ob er denn einspringen könne?

Und ob er konnte! Ziemlich schnell nach dem Anpfiff schoss er sogar ein Tor! Und er blieb dem Jugendfußball danach erhalten, trat kurze Zeit später in den Verein ein und wurde ein ziemlich guter Spieler.

Was wie Zufall und Glück begonnen hatte, wurde zu einer der Leidenschaften seines Lebens. Und bis heute, wenn auch mit kritischerem Interesse, verfolgt er, was sich in der Fußballwelt tut und sitzt recht regelmäßig in den Bereichen der Mercedes-Benz-Arena, die besonderen Fans und Persönlichkeiten des VfB-Umfelds vorbehalten sind. Wir werden darauf zurückkommen.

Zurück in die frühen 60er Jahre in Großsachsenheim: Dem Vater gefiel es nicht, dass sich sein Sohn nachmittags ständig auf dem Fußballplatz aufhielt. Er solle sich lieber endlich an der Musikschule anmelden und Klavierspielen lernen, ermahnte er dringlicher.

Doch für Sloggi hörte sich das zu sehr nach Übenmüssen an, und danach stand ihm der Sinn keinesfalls.

„Schade, sehr schade! Hätte ich doch nur!", sagt der heutige Werner Find, der es mittlerweile sehr genießt, zuhause klassische Musik zu hören oder in die Liederhalle zu einem Konzert zu gehen.

In Stuttgart war die Mutter nur Hausfrau gewesen; nun, in Großsachsenheim, arbeitete sie zeitweise in der Kantine des Onkels. Das ergab für Werner ein bisschen mehr Freiheit – die Mutter konnte sich nun nicht mehr beständig um ihn kümmern.

Er blieb auch in der vierten Klasse ein guter Schüler, der nicht viel Aufhebens um seine Noten, um Erfolge oder Einträge machte. Der Vater arbeitete, die Mutter versorgte die kleine Familie im Alltag – es blieb weitgehend seine eigene Sache, wie das mit der Schule lief und ob er Hausaufgaben machte und interessierte die Eltern nicht weiter. Hauptsache war, dass er ihnen keinen Ärger machte.

Doch nun hieß es, sich zu entscheiden, auf welche weiterführende Schule er ab der fünften Klasse gehen würde. Sollte er in Großsachsenheim bleiben oder aufs Gymnasium nach Bietigheim gehen?

Einen großen Ehrgeiz, dass ihr Sohn zu den Besten gehören müsste und eines Tages studieren sollte, hatten weder der Vater noch die Mutter. Eine berufliche Perspektive für ihr einziges Kind zeigte sich ja gleich nebenan, in der Firma des Onkels, die hervorragend lief.

Auch Sloggi erlebte die andauernde Geschäftigkeit und die vielen Kunden und Aufträge mit, die den Onkel und seine Mitarbeiter umtrieben, Tag für Tag. Er lernte auch schon damals einen gewissen Lothar Späth kennen, mit dem zusammen er rund 20 Jahre später in einer Bütt in der Liederhalle stehen sollte ... was damals natürlich noch nicht zu ahnen war, als Späth „nur" als Vertreter der Bietigheimer Wohnbau bei ihnen auftauchte.

Ab Herbst 1962 ging Werner schließlich nach Bietigheim aufs Gymnasium. Er hatte sich wohl vor allem deshalb dafür entschieden, weil auch seine Cousine Ilse dahin wechselte. Seine schulischen Leistungen blieben solide, und auch ansonsten blieb vieles beim Alten: er war einer der Kleinsten in der Klasse und zog die Aufmerksamkeit auf sich, weil er witzig war und gern als Klassenclown in Erscheinung trat.

„Ich hab mich produziert“, erinnert er sich von heute aus – und grinst dabei.

Denn er zeigt auch als jetzt 69-Jähriger noch Verständnis für den damals 10-Jährigen, der es immer mehr brauchte, von den anderen wahrgenommen zu werden, ohne eine „Leuchte“ oder ein Sportass oder Sohn eines bedeutenden Unternehmers im Ort zu sein.

Auch Schlägereien wurden nie das Mittel seiner Wahl, um eine besondere Rolle zu spielen. Er produzierte sich weiterhin am liebsten als Clown. Wortwitz, Schlagfertigkeit und eine geschmeidige Trolligkeit waren die Zutaten, die ihm zu seiner Rolle nutzten. Ein „Niemand“ oder gar „Unauffälliger“ wollte er nicht sein, man sollte ihn, den Werner Find, ruhig mehr zur Kenntnis nehmen, dafür ließ er sich auch gern was einfallen oder nahm ein kleines Risiko in Kauf, wenn es denn sein musste.

Ein schönes Beispiel dafür ist das Ereignis „Stinkbombe“: Einer der Mitschüler hatte mehrere Exemplare davon mit in die Schule gebracht und zeigte sie im Klassenraum rum, während die Mädchen ihrer Klasse noch beim Turnen waren. „Wer wirft die denn nun?“, wurde gefragt, aber keiner traute sich. Da nahm Werner zwei und warf sie in die Ecke. Als die Mädchen kurze Zeit später kamen, kreischten sie los und hielten sich die Nasen zu. Ihr Klassenlehrer stürzte wegen des Krachs herbei und fragte, was hier los sei. Keiner antwortete, eine Weile herrschte Totenstille. Da ergriff Werner die Flucht nach vorn und äußerte die Vermutung, der Gestank könnte möglicherweise vom nahegelegenen DLW

(Deutsches Linoleumwerk) kommen. Der Lehrer nahm es ihm ab, und Werner kam ohne Verweis davon.

Nicht nur innerhalb seiner Klasse, sondern auch bei den Lehrern galt er üblicherweise aber durchaus als einer, der zu seinen Taten stand und dessen Wort galt. Auch bei der Schulzeitung machte er mit, hielt dort mit seiner Meinung nicht hinterm Berg und bewies großes Organisationstalent. Dass er trotz mittelmäßiger Leistungen mehrere Jahre Klassen- und Schulsprecher war, hatte viel damit zu tun, dass es ihn nach vorn drängte und er Anstrengungen und ein bisschen Ärger gern in Kauf nahm, wenn sie ihm zu mehr Geltung verhalfen.

„Hätten Sie nicht auch Politiker werden können?" frage ich Sloggi während unserer Gespräche. „Ja, ich denke schon", sagte er unverblümt; aber sein Weg als „öffentlicher Mensch" und „Rampensau" sollte anders verlaufen.

Bei „Rampensau" verweigert sich mir erneut kurz der Bleistift: Sloggi, wenn man ihn im Gespräch erlebt, ist zu sanft, zu fein und zu reflektiert, als dass das Wort auf ihn bezogen passend klänge. Das tut es erst, wenn man ihn beim Fasching und mit Mikrophon erlebt hat!

Bis dahin sollten aber noch einige Jahre vergehen.

Mit der Cousine in Großsachsenheim

Mit den Eltern im Garten

Im Reitverein Großsachsenheim

„Kapitän" bei den
Sportfreunden Großsachsenheim

Sloggi und Ilse
beim Kinderfasching im
Tabaris Stuttgart

Sloggi und Ilse – herangewachsen

3 MOPEDS, FUSSBALL UND BEATKELLERZEIT

Wie und wann kam eigentlich die inzwischen Jahrzehnte anhaltende Begeisterung für Musik und Party in Sloggis Leben? Der Zeitpunkt lässt sich ziemlich genau festhalten: Er bekam zur Konfirmation eine LP der Beatles geschenkt: Rubber Soul. Da hielt es den Konfirmanden und seine Cousine nicht länger an der festlichen Kaffeetafel, sondern sie stahlen sich nach oben in sein Zimmer und hörten die Platte viele Male rauf und runter. Es war die erste „richtige" Platte, d.h. Musik, die ihn ganz und gar begeisterte. Bis dahin hatte er auf seinem Plattenspieler zwar schon Schlager und Pop-Musik gehört, aber sein eigentlicher Musikgeschmack prägte sich nun erst richtig aus. Er investierte sein Konfirmationsgeld, Taschengeld von den Eltern und den Stundenlohn für gelegentliche Jobs in der Firma des Onkels von nun an fast ausschließlich in den Kauf von Schallplatten, vorzugsweise Scheiben der Beatles und Rock- und Soulplatten. Ilse blieb seine Vertraute, auch sie liebte diese Titel und erfuhr auch als Erste von seinen Plänen, in absehbarer Zeit im eigenen Keller einen Raum einzurichten, der ganz diesem Hobby gehören sollte.

Noch aber musste er sich irgendwie auch um die Schule kümmern, sonst ergab das zu viel Ärger mit den Eltern. Und auch der Fußball forderte und begeisterte ihn weiter. Er spielte aktiv im Vereinsfußball und galt wegen seiner Pässe und seiner Technik durchaus als Begabung. Ausgewachsen brachte er es nun auf 1,74 m

Körpergröße, war damit zwar einer der Kleinsten in der Mannschaft, agierte aber schnell und gewitzt.

An eine große Karriere als Fußballprofi habe er nur selten und für kurze Momente mal gedacht, erzählt er aus dem Abstand von mehr als 50 Jahren heraus. Für unrealistische Träumereien sei er nie der Typ gewesen. Und er hätte schon damals die Fakten zu klar gesehen: zu spät angefangen, zu alt nun schon, kein Supertalent. Und zu viel anderes im Sinn!

Als er 16 war, erhielt er immerhin vom SV Germania Bietigheim (damals Amateurliga) ein Vertragsangebot. Es stärkte sein Selbstwertgefühl und hätte ihn gereizt. Der Vater aber sagte entschieden NEIN. Das sei Blödsinn und brächte nichts für die Zukunft. Er solle lieber mehr für die Schule tun.

Für die aber nahm sich Werner stattdessen immer weniger Zeit.

Denn es gab ja auch noch die Mopeds und seine Kumpels aus der Mopedszene, die ihn ab und zu vom Plattenspieler und sogar vom Fußballtraining weglockten. Kleine Ausfahrten zu machen oder um die Maschinchen herumzustehen und sich fachkundig über ihre Eigenheiten und kleine Schraubvorhaben auszutauschen – auch das gehörte zu seiner Jugend in Großsachsenheim dazu.

Mit den Eltern und der Familie des Onkels waren sie in dieser Zeit auch mal im Skiurlaub in Bayern. Ein Erlebnis, das aus Sloggi für alle Zeit einen Nicht-Ski-Fan machte: Er und seine Cousine hatten wie alle anderen am Schlepplift angestanden. Dann waren sie dran, die

Fahrt ging los ... Er war als Erster im Schlepplift, stellte sich aber so ungeschickt an, dass sich seine Skier auf der Hälfte der Strecke im Neuschnee querstellten und nicht nur er rausflog, sondern dann alle Nachfolgenden über ihn fielen. Der Lift war eine ganze Weile blockiert und die Ski-Enthusiasten beschimpften ihn ohne Ende. Wie kann man nur!

Er konnte halt nicht ..., und er wollte von da an auch nie wieder.

Schon in der neunten, erst recht in der zehnten Klasse hatten sich seine schulischen Leistungen weiter verschlechtert. Während eines Schullandheimaufenthaltes eröffneten ihm die Begleitlehrer, dass er im Zeugnis mit einer Fünf in Französisch und einer Vier in Mathe rechnen musste und nicht versetzt werden würde, wenn sich seine Leistungen nicht umgehend verbesserten.

Er hatte während der Zeit im Schullandheim wieder zwei Tage lang den Clown gegeben, die Zeit genossen und nichts Böses geahnt. Nun diese „Rede ins Gewissen"!

„Was soll denn aus dir werden?", bedrängte ihn die Französischlehrerin. Das war der Moment seiner Schwindelei. Er erzählte, dass sowieso geplant sei, dass er eine Lehre beginnen und in die Firma seines Onkels einsteigen würde. „Geplant" war allerdings in Wirklichkeit gar nichts. Die Eltern überließen ihm weiterhin alle Entscheidungen, die seinen Weg betrafen, interessierten sich nicht für das, was in seinem Leben geschah, wollten nur keinen Ärger. Sie schienen auch die Tragweite und Zusammenhänge seiner Zeugnisnoten, der schulischen

Beurteilungen und Berufsaussichten nicht zu begreifen. Oder waren sie der Auffassung, dass es für einen Heranwachsenden das Beste war, alles selbst zu entscheiden, so Verantwortung zu übernehmen und Konsequenzen tragen zu lernen?

Er verließ das Gymnasium mit der mittleren Reife, obwohl er nach internen Absprachen in der Lehrerschaft und wegen seiner positiven Rolle als Schulsprecher und guter Sportler versetzt worden war. Sein weiterer Weg schien gesichert und logisch, denn er begann 1968 in der Berufsschule Bietigheim eine Lehre als Kaufmann der Grundstücks- und Wohnungswirtschaft. Das hört sich von heute aus interessant und anspruchsvoll an, aber er langweilte sich schon nach gut einem Jahr in dieser Lehre heftig. Wie gut, dass wenigstens Ilse wieder an seiner Seite war, die die gleiche Ausbildung machte und mit der er sich austauschen konnte. Die Lehrer an der Berufsschule redeten auf ihn ein: Er solle durchhalten!

Also hielt er durch. Aber es stand ziemlich schnell fest für ihn, dass er nie in diesem Berufsfeld bleiben würde. Er kompensierte die ihn langweilende Ausbildung nicht nur weiter mit dem Fußballspiel, sondern auch mit seinem Moped und dem Freundeskreis, der sich in dessen Umfeld ergeben hatte. Jungen wie er, die irgendwo Geld verdienten und sich mit eigenem Moped ein Stück Freiheit und Erlebnisraum verschafften – an diese Zeit denkt er gern zurück. Auch jobbte er inzwischen recht regelmäßig im Bauunternehmen des Onkels. Das selbst verdiente Geld floss weiterhin in sein Moped und seine

Schallplattensammlung. Immer öfter gingen oder fuhren sie nun auch schon in die Discos der Umgebung. Diese Szene in ihrer Lockerheit und die langen Abende mit heißer Musik entschädigten für vieles, was seinen Alltag zwischen Ausbildung, Jobben und der Enge des Familienlebens mit den Eltern sonst ausmachte. Sein Musikgeschmack entwickelte sich weiter und er beobachtete auch, wie die DJs in den unterschiedlichsten Diskotheken so einen Abend gestalteten: die Art wie sie auflegten, die Art wie sie das Publikum ansprachen und animierten – da zeigten sich große Unterschiede! Manche trafen den Nerv der jungen Leute sofort, und andere trotz größter Mühe selten. Da konnte man vom bloßen Dabeisein lernen. Und wer wusste schon, wozu es mal gut sein würde!

Nun reifte auch sein Plan weiter, für eine eigene Musikanlage zu sparen und im Keller des Elternhauses einen Beatkeller einzurichten. Alles schien miteinander zu tun zu haben.

Sloggi kann sehr hartnäckig sein, wenn er sich auf ein Pferd setzt (es darf nur kein lebendes sein!). Die Dinge, die er wirklich selbst will, verfolgt er mit großer Energie und Disziplin. Der Beatkeller war ein Plan, der ihn regelrecht erregte. Erregen – ja, das Wort passt! Wenn einer eher ein ruhiges, nachdenkliches Naturell besitzt wie er, braucht es Erregung, um dann aus der Begeisterungsfähigkeit und Kreativität schöpfen zu können, die in all der Vernünftigkeit und Ruhe „ruhen".

Er sparte eisern, strich den Kellerraum, holte sich geeignete Möbel und Accessoires vom Sperrmüll, pinnte

Bilder von bekannten Sängern und Gitarristen aus der Bravo an die Wand und lud, als schließlich auch die Musikanlage gekauft war und am richtigen Platz stand, zur ersten Disco in seinem Beatkeller ein. Ein Übungsfeld für den künftigen Partymacher!

Die Abende bei ihm fanden bald recht regelmäßig statt. Mit ihnen änderte sich auch sein Freundeskreis. Aus den früheren Moped-Kumpeln wurden immer mehr Musik-Kumpel – junge Leute wie er, für die die Pop- und Rockmusik der späten 60er Jahre zu einem Lebensgefühl wurde, in dem man sich selbst und die eigenen Träume am tiefsten spürte. Oben im Familiengeschoss wohnte das Kleinbürgerliche, Alltägliche, Banale. Aber in seinem Beatkeller ging es zur Sache, zu ihrer Sache, zur Sache der knapp 18-Jährigen. Woraus die bestand?

„Es war vor allem die grenzenlose Begeisterung für diese neue Art der Musik, und wie sehr sie in Bewegung war – mit immer neuen Bands und Titeln. Politik und die Diskussion rund um die 68er Entwicklungen dagegen waren bei uns kein Thema!"

Eine Weile war Gerhard, ein Junge aus dem Nachbarhaus, sein bester Freund. Mit ihm und anderen waren sie an einem Abend auf einer Party im Burggelände von Sachsenheim, saßen am Lagerfeuer und hörten „ihre" Musik. Für Werner war es ein besonderer Abend, eigentlich ein trauriger, denn er hatte zum ersten Mal Liebeskummer: Er war hinsichtlich Mädchen ein Spätstarter, denn ihm fehlte jegliches Selbstbewusstsein für Flirts und Verabredungen, er tat ja lediglich frech und selbstbewusst, wenn er sich innerhalb einer Gruppe produzierte.

Dieses Mal aber hatte es ihn „erwischt", ein Mädchen aus Großsachsenheim, von dem er doch kleine Zeichen auch ihres Interesses wahrgenommen zu haben glaubte, schmiegte sich an diesem Tag in den Arm eines anderen Jungen! Obwohl es sonst nicht seine Art war, hatte Werner sich während der Stunden am Lagerfeuer „volllaufen" lassen. Gerhard, sein damaliger Freund, der von seinem Kummer wusste, hatte ihn immer wieder aufgefordert, am besten einfach noch was zu trinken.

Sloggi erinnert sich, dass sein Rausch dann so gewaltig war, dass er beim Aufstehen fast ins Feuer gefallen wäre ...

„Komm, ich bring dich nach Hause", hatte Gerhard vorgeschlagen und ihn am Arm gepackt.

Da kehrte schnell etwas Nüchternheit zurück.

„Ich hatte riesige Angst vor den Reaktionen meines Vaters ...", erinnert sich Werner, wenn er von heute aus an die Szene denkt, denn natürlich – eine wütende Szene vom Vater war zu erwarten. Zwar lebten er und die Eltern weiterhin eher schweigend nebeneinander her, aber zumindest gab es kaum Konflikte zwischen ihnen.

Als die Haustür aufging und der Vater wohl mit einem Blick erfasste, was mit seinem Sohn los war, ließ er ihn zur Tür rein und bemerkte nur: „Aha, der erste Rausch. Wirst wegen diesem Saft nun drei Tage lang leiden und Kopfweh haben!"

Aber der Vater machte ihm auch danach keinerlei Vorwurf. „Das hat unserem Verhältnis damals sehr gutgetan, ich war sehr dankbar für dieses stille Akzeptieren des Vorfalls ...", erinnert sich Sloggi von heute aus daran.

Allerdings – das mit dem klug und fast fürsorglich reagierendem Vater und der schönen Zeit im Beatkeller war dann ziemlich bald vorbei.

Zuvor aber noch die Geschichte, wie Werner eigentlich zu seinen Spitznamen gekommen ist. Ein Spitzname, der „Schlüpfer“ bedeutet und wahrlich nicht besonders aussagekräftig ist. Aber inzwischen, fern der „Übersetzung“, allein von der Lautfolge und vom Klang her so viel besser zu ihm passt als Werner!

Seine Gäste im Beatkeller hatten damals alle einen Spitznamen. Das gehörte irgendwie dazu, wenn man in ihrer Clique die gewöhnliche Identität am liebsten für ein paar Stunden hinter sich ließ – einschließlich der amtlich beglaubigten Vornamen.

Nur Werner hieß immer noch Werner, und fast schienen sich auch alle daran gewöhnt zu haben. Aber an einem der Abende im Keller blätterten sie in einem Versandhauskatalog und gaben sich bei den Bildern von scharfen Dessous besonders kennerisch. Auf einer der Seiten von „Triumph“ wurde besonders für Sloggis in Feinripp mit hohem Baumwollanteil geworben. Auch Werner fühlte sich zu einem fachmännischen Kommentar über Schnitt und Material bewogen und formulierte cool: „Diese Dinger, diese Sloggis – des g'fällt mer ned!“

Das wurde sofort weitererzählt – und sein Spitzname war damit geboren!

Die Beatkeller-Ära allerdings ging mit den letzten Monaten des Jahres 1968 trotzdem ihrem Ende entgegen. Dabei hatte Werner nun doch nicht nur einen

Spitznamen, sondern als Letzter in ihrer Clique auch endlich ein Mädchen gefunden, das für vier Jahre seine Freundin wurde: Regine, die er in einer Disco in Schmiden kennengelernt hatte. Denn die Kreise, die er und die Freunde beim Erkunden toller Discos in der näheren und weiteren Umgebung zogen, waren inzwischen immer größer geworden, und ab und zu legte er nun sogar als DJ auf.

Sein Beatkeller war so etwas wie das Zentrum aller Kreise geblieben.

Dann aber jener Vorfall ... Sloggi sieht die Bilder vor sich, als ob es gestern erst gewesen wäre: Der Vater hatte den Keller betreten und auf dem Boden einen Joint gefunden. Werner war Nichtraucher und rührte auch nie einen Joint an, aber einer seiner Gäste hatte die Kippe wohl liegen lassen. Der Vater wurde furchtbar wütend und riss sämtliche Plakate und Poster von den Wänden. „Das hört mir auf! Damit ist jetzt Schluss!"

Dieser Auftritt und dieser Abschluss – das musste wohl sein. Denn es begann sowieso ein neuer Abschnitt im Leben des Werner Find, von sämtlichen Freunden nun Sloggi genannt.

Noch eine andere Erfahrung gilt es nachzutragen, eine, die sein erstes größeres Reiseabenteuer betraf.

Den Führerschein hatte er gleich 1969 gemacht; das war auch nötig, weil sie ja zusammen in die Ferien fahren wollten, er und seine Freunde. Sloggis erstes Auto war ein FIAT 1500, den er für rund 500 DM erworben hatte. Den fuhr er, bis die Karre so gut wie durchgerostet war.

Mit Freunden sowohl aus dem Gymnasium, aus der Moped- und Fußball- und auch aus der Beatkellerzeit, nämlich mit Martin (den sie den Drogisten nannten), Wolfgang und Rainer ging es mit Sloggis Fiat 1500 nach Lloret de Mar in Spanien. Während der langen Fahrt über endlose Autobahnen lag die ganze Zeit ein braunes Kuvert vorn auf der Ablage. „Was ist da denn drin?", hatte Sloggi unterwegs mal gefragt und vom „Drogisten" mit kleinem Grinsen zur Antwort gekriegt, dass das nur ein paar Notizen und Bilder von Zeltplätzen in der Region seien. Kurz vor der Grenze aber legte Martin eine Zeitung über den Umschlag; er wirkte da schon nicht mehr ganz so lässig.

Als sie hinter der Grenze waren, fragte Sloggi erneut und energischer: Was ist da drin! Nun erfuhr er, dass eine Platte Haschisch in dem braunen Umschlag steckte. Wären sie damit erwischt worden – noch herrschte Franco in Spanien! – hätte ihnen das möglicherweise 15 Jahre Haft eingebracht. „Aber mir war wahrscheinlich schon damals, gut sichtbar für andere, das G auf die Stirn eingebrannt ...", sagt Sloggi bei unserem Gespräch 50 Jahre später: G wie gutmütig, gutgläubig. „Benutzbar" wohl auch – obwohl das nicht mit G geschrieben wird.

Sein erster eigener Urlaub mit größter Selbstbestimmung beim Zelten, Trinken, Flirten – von heute aus erinnert er sich gern. Die drei Wochen hatten auch Gelegenheit geboten, über all das nachzudenken, was er nun entscheiden musste.

Nach Beendigung der Ausbildung hörte er von einem zum anderen Tag mit der Grundstücks- und Wohnungswirtschaft auf. So kann er sein – sehr selbstbestimmt und entschieden, wenn er fühlt, dass etwas nicht das Richtige für ihn ist. Seine Verwandten haben es wahrscheinlich als rücksichtslos und undankbar empfunden, dass er, der Neffe, alles hinter sich ließ, was sie für ihn gewünscht und ermöglicht hatten. Was sollte denn werden aus ihm!

Die Eltern hielten sich aus seinen Entscheidungen auch diesmal weitgehend raus.

„Ich wäre schon dankbar gewesen, wenn sie mir ein bisschen Orientierung gegeben hätten!", sagt er von heute aus. Dann wird er nachdenklich: „Eigentlich habe ich meinen Weg immer allein suchen müssen. Und ja, ich hab ihn meistens auch gefunden. Doch bei manchen Fragen bin ich bis heute unsicher und suche Orientierungshilfe ..."

„Altersbedingt", schätzt er dann grinsend ein, „ist's nun aber bald genug mit dem ewigen Suchen!"

Auch damals, mit 19, konnte er nicht auf Rat und Hilfe von Eltern oder Freunden warten. Die hatten alle mit sich selbst zu tun. Dann eben allein! Dann eben durchziehen!

Diese Herangehensweise hat sich bei vielen Zufällen, Chancen und Wendungen auf Sloggis Lebensweg meistens, aber nicht immer, als die richtige erwiesen.

Einige Male gab es einfach keine Alternative zu der Augen-zu-und-durch-Entscheidung.

Schullandheim in Aalen

An den Wänden die Idole

Gute Stimmung in Sloggis Beatkeller

Disco im Club Schmiden

4 Zurück in Stuttgart

Schon in der Beatkeller-Zeit hatte Sloggi damit begonnen, seine Fühler in die Discoszene der Region auszustrecken, um hie und da als DJ gebucht zu werden. Im Club Schmiden hatte er nicht nur Regine, seine Freundin für die nächsten drei Jahre, kennengelernt, sondern auch Freunde aus der Landeshauptstadt gefunden. Mit zweien von ihnen war er 1969 in London, wo er in einem Geschäft die legendären Pythonlederstiefel entdeckte, die später einmal fest zum „Sloggi aus der BOA" gehören würden.

Als jemand, der sich im modernen Musikgeschehen inzwischen bestens auskannte und bereits eine beachtliche Plattensammlung besaß, wurde er auch von anderen Clubs und Discos immer häufiger angefragt. Dabei zählte schon damals vor allem, dass er mit einem Mikrophon in der Hand bzw. am Mischpult auf einer Bühne mit großer Verlässlichkeit zu großer Form auflief. Aus dem kleinen Clown im Klassenzimmer war ein versierter, souveräner Unterhalter geworden. Und umso größer die Räume und Säle wurden, um so größer wurden auch sein Bekanntenkreis und sein Ruf.

Für die Ausstattung seiner Plattensammlung hatten ihn seine Wege öfter zum Musikhaus Lerche in der Königsstraße geführt, wo ihm nun – nach Abschluss seiner Ausbildung und dem Ende aller Verpflichtungen im Unternehmen des Onkels – ein beruflicher Neueinstieg gelang, den er ganz allein bewerkstelligte. Ihn hielt ja nichts mehr in Großsachsenheim, und auch der gelernte Beruf als Kaufmann war etwas, was er jetzt ganz schnell hinter sich lassen wollte.

Sein Vorstellungsgespräch im Musikhaus Lerche 1971 fand mit der „Chefin" des Unternehmens statt, die er offensichtlich mit seiner Musikkenntnis und dem zugewandt-zurückhaltenden Selbstbewusstsein überzeugen konnte, die er sich in den letzten ein, zwei Jahren erarbeitet hatte. Dass es mit einer Anstellung im Musikhaus Lerche wirklich klappte, sieht er noch heute als Glück für seinen gesamten späteren Weg: ein Baustein für alles Weitere und für die persönliche Reife.

Vorerst wohnte er zwar noch bei den Eltern und fuhr, nun mit einem alten VW-Käfer, zum Musikhaus Lerche „ins Geschäft", aber er übernachtete bereits so oft wie möglich bei Regine – in deren Zimmer im Haus ihrer Eltern. Es dauerte aber gar nicht lange, da entschieden sie sich für eine gemeinsame kleine Wohnung und wohnten dann mehrere Jahre zusammen in Nellingen.

Mit gerade mal 20 bereits eine feste Freundin und eine eigene Wohnung zu haben – das war sehr früh, in der damaligen Zeit erst recht!

Aber schon mit 15 hatte er sehnlichst auf den Tag gewartet, an dem er der Überwachung im Elternhaus entfliehen konnte. Der Beatkeller hatte nur ein Stück mehr Freiheit gebracht, aber schon da war der Drang in ihm groß gewesen, den Dunstkreis des Elternhauses so schnell wie möglich ganz und gar hinter sich zu lassen.

Die gluckenhafte Fürsorglichkeit der Mutter – anders konnte er deren ständiges Kümmern nicht empfinden – war ihm gegenüber seinen Freunden und Regine oft äußerst peinlich gewesen. Sie verband sich für ihn mit einer Kindheitserinnerung an „übergroße Mutterliebe", die ihm als Bild noch immer vor Augen steht: Es war bei einem Besuche bei der Tante in Bayern gewesen, und er noch ein kleiner Junge. Draußen war es zwar kalt und verschneit, aber sibirische Kälte herrschte keinesfalls. Die Mutter aber hatte ihn so dick in mehrere Lagen warmer Sachen gepackt, dass er im Freien nahezu bewegungsunfähig herumtappte – wie ein unförmiger kleiner Bär im viel zu engen dicken Fell!

So ähnlich erinnert sich Werner an viele Szenen seiner Kindheit: Wenn er sich der Fürsorglichkeit seiner Mutter überließ, wurde er plump und bewegungslos. Deshalb musste er ihr gutgemeintes Kümmern so schnell und konsequent wie irgend möglich hinter sich lassen, um frei atmen und sich bewegen zu können.

Von heute aus urteilt Sloggi viel milder über seine Mutter. Er weiß nun mal zu wenig von dem, was sie durch ihre Flucht und später in der Enge ihres Lebens, an der Seite des Vaters und im Schatten des Onkels, erlebt und wohl auch eingebüßt hat. Vielleicht war es für sie wie ein Ausweg gewesen, die eigene Bewegungslosigkeit auf den Sohn zu übertragen? Wer sich nicht bewegt und immer warm eingepackt ist, der läuft nicht weg, sondern bleibt stets in Sichtweite. So fällt er nicht in einen Fluss, kommt auch nicht unter ein Auto und erfriert ganz sicher nicht ...

Aber so einem fällt dafür die Decke auf den Kopf, so einer kommt nicht von der Stelle und erstickt irgendwann!

Wieviel anders ging es nun in Sloggis selbstbestimmtem Leben zu: Nichts darin war starr, sondern alles in Bewegung!

Das „Imperium" der Lerches umfasste damals drei Schallplattengeschäfte entlang der Königsstraße – das obere, das untere und das mittlere. In letzterem kam Sloggi überwiegend zum Einsatz. Armin Albert Lerche sei ein gewiefter Geschäftsmann gewesen, von dem man viel über die richtigen Investitionen und Kontakte habe lernen können, erinnert er sich von heute aus. Und seiner Frau Karin verdanke er, dass er damals bald die Zuständigkeit für den gesamten Platteneinkauf übertragen bekam und wichtige Erfahrungen zum Umgang mit Kunden übernehmen konnte.

Auch im Verkauf wurde er bald schon eingesetzt und erlebte Musikbegeisterte unterschiedlichster Couleur. Da ließ sich gut ausprobieren, wie man am besten mit einzelnen Typen umging.

Musikfans waren es ausnahmslos, die sich in diesem seit Ende der 50er Jahre bestehenden, familiengeführten Geschäft, das in Stuttgart eine große Anhängerschaft besaß, einfanden. Unter denen, die sich an der Musiktheke beraten ließen, verzückt unter ihren Kopfhörern saßen und manchmal stundenlang blieben, waren aber viele komische Käuze. Sie, die Mitarbeiter bei Lerche, bedienten und berieten sie ganz professionell, was durch die weißen Kittel oder gar Anzüge, die sie stets trugen, auch unterstrichen wurde. Von heute aus kaum noch vorstellbar.

„Man lernt Menschen einordnen und auch Toleranz zu entwickeln. Besonders, wenn montags die Vertreter zu oft mehrstündigen Terminen kamen und für ihre Neuerscheinungen schwärmten, galt es, immer kühlen

Kopf zu bewahren", erinnert sich Sloggi und zählt Titel und Interpreten auf, die damals eine große Rolle spielten: Die Beatles natürlich, die Rolling Stones, Pink Floyd und viele andere. Es wäre wild durcheinander gegangen. Der Abgleich mit Kundenwünschen im großen Buch des Geschäfts war allein Sloggis Aufgabe und erforderte viel Konzentration. Die war in den verwinkelten, oft stickigen Räumlichkeiten des alten Hauses nicht immer leicht aufzubringen. Die vielen Kunden, Stimmen und Musikfetzen im Inneren des Gebäudes ließen eher an einen Taubenschlag als an Lerchengesang denken.

„Aber noch heute wüsste ich viele der Plattennamen oder könnte die Alben beschreiben…", sagt Sloggi.

Ist da eine klein bisschen Wehmut zu erkennen – Erinnerungen an diesen ersten Job, an eine gewisse Sicherheit und Zugehörigkeit zu einem Team, ohne zugleich die Verantwortung „fürs Ganze" und für die Zukunft des Unternehmens tragen zu müssen?

Bis 2004 gab es die Lerche noch, dann brach ihr die schnelle Expansion von Saturn und Media Markt geschäftlich das Genick.

Mit Regine in ihrer Wohnung in Nellingen entdeckte Werner nicht nur, dass ein Zusammenleben als Paar zwar nicht spannungsfrei, aber sehr lebendig und meistens lustvoll war, sondern mit ihr, der hübschen und kontaktfreudigen Zahnarzthelferin, lernte er auch das Party- und Discoleben in der Region noch intensiver kennen und traf Leute, die ihm bald, in seinem Leben als Selfmade-Partymacher, von großem Nutzen sein sollten.

Im Club Schmiden nahm seine eigentliche Karriere als DJ ihren Lauf. Dort lernte er auch die Gebrüder Roland und Harald Janke kennen. Sie brauchten ihn immer mehr, boten ihm sogar die Geschäftsführung zweier Betriebe (UFO und CACTUS) an, weil sie selbst alle Hände voll damit zu tun hatten, ihr Gastro-Imperium (Club Backnang, Club Schmiden, Alte Gasse, Point Schorndorf, UFO Bernhausen, CACTUS Leonberg, Sophie`s Brauhaus, etc.) weiter auszubauen. Für Sloggi bot sich so die Möglichkeit, in der Musik- und Barszene dieser Zeit schnell noch bekannter zu werden. Aber auch geschäftlich, nämlich wie man solche Etablissements erfolgreich führen sollte, ergaben sich für ihn als Beobachter und Mit-Akteur wichtige Erfahrungen.

Ein Vorausblick in die 90er Jahre: Da kam es zum Ende dieses Imperiums, von dem man zuvor doch fast geglaubt hatte, es würde wohl immerzu weiter wachsen und noch erfolgreicher werden. Gerade die Vielzahl der einzelnen Betriebe und Clubs hatte dieses Ende eingeläutet – sie ließ sich nicht mehr beherrschen! Auch das war ein Lernfeld für Sloggi. Oft, aber nicht immer rechtzeitig und konsequent genug hat er sich später daran erinnert.

Der gemeinsame Freundeskreis von Regine und ihm erweiterte sich ständig. Die ehemaligen Schulfreunde, Fußball- und Beatkeller-Kumpel spielten nun kaum noch eine Rolle für ihn. Er fuhr nur gelegentlich zu den Eltern, Großsachsenheim zog ihn nicht mehr an. Sondern eher „runter“. Das Leben dort schien ihm nach ein, zwei Besuchstagen unerträglich eng und festgezurrt und nur aus Vorsorge für Alter und Krankheit zu bestehen.

Von heute aus sagt er, was er schon damals empfand: „Ich bin Stuttgarter durch und durch. Und auch grundsätzlich ist es so, dass mir größere Städte und der Trubel, die Erlebnismöglichkeiten und Reisen in Großstädte viel mehr geben als die Natur."

Ich finde es ehrlich, sogar mutig. Denn welche „öffentliche Person" gibt schon so unumwunden zu, kein Naturfreak zu sein? Bei den üblichen Selbstdarstellungen gehört es für die meisten fast schon dazu, zu betonen, wie sehr man auch die Stille des Waldes oder die Einzigartigkeit einer Berglandschaft brauche.

Regine und er gingen viel aus, hatten eine gemütliche Wohnung und ein Auto und machten mit Kumpels zusammen Urlaub in Italien. Dieser lockere, freie Lebensstil ließ sich nur bezahlen, wenn das Einkommen stimmte. Seine Anstellung bei den Lerches bot diese Sicherheit und war der ruhige Kontrast zu ihrem Partyleben. In dieser Zeit hat Werner – zusammen mit Regine und mit neuen Freunden – auch sehr oft Konzerte besucht.

Er zählt bei unserem Gespräch auf, und der Glanz in seinen Augen verstärkt sich bei jedem neuen Interpretennamen: Genesis, Jethro Tull, Deep Purple, Black Sabbath, Rory Gallagher, John Mayall, Bee Gees, Procul Harum, Wilson Pickett, James Brown, Tina Turner, Elton John, Rod Steward ....

In diesen Jahren hörte er, bis auf Freejazz, noch so gut wie alles, was über die Radiosender kam. Sein Lieblingsradiosender, mit dem er schon morgens den neuen Tag begann, war SDR 3 (heute SWR 3). Der ist bis heute sein Lieblingssender geblieben.

Einer der Vertreter, die im Musikhaus Platten anboten, hatte den gleichen Vornamen wie Sloggi. Aber nicht das war der Grund, weshalb sie beide sich anfreundeten und jener Werner Armbruster damals eine große Rolle im Leben von Sloggi zu spielen begann: Der Hauptgrund dafür war ihre Musikbegeisterung. Sie konnten ewig miteinander reden, fachsimpeln und schwärmen. Bald trafen sie sich auch privat immer häufiger.

Im Musikhaus Lerche gab es für Sloggi nach rund zwei Jahren Anstellung keine wirkliche Perspektive mehr. Er hatte gelernt und erlebt, was man als Einkäufer lernen und erleben konnte, die Sache des Platteneinkaufs war für ihn, einen neugierigen, erfahrungshungrigen Musikenthusiasten, nun ziemlich ausgereizt.

Er sah und hörte sich nach einer beruflichen Veränderungsmöglichkeit um und bewarb sich sogar beim Rundfunk. Aber dann lag die Entscheidung ganz nah: Sein Freund Werner Armbruster war ja immer als Vertreter der EMI-Electrola zu ihm gekommen. Und dort gab es für Sloggi 1974 eine Stelle im Bereich Außendienst und Promotion.

Der große Vorteil – so sieht er es heute – lag zum Einen darin, dass er erneut und in andere Netzwerke hinein Kontakte knüpfen konnte. Zum Zweiten aber fand er bei EMI-Electrola erstmals Zugang zur klassischen Musik, die er heute in seinem Leben nicht mehr missen wollte. Ganz leicht war das „Warmwerden" mit dieser Art Musik für ihn allerdings nicht. Doch wenn man im Außendienst war, musste man sich auskennen, und wenn man sich auskennen wollte, musste man lernen, geduldig zuzuhören und diese andere Musik in ihrer Tiefe zu begreifen.

Zur Einführung in die Klassik musste er zum Beispiel nach Köln fahren, um drei Tage lang den kompletten „Ring" von Richard Wagner anzusehen. Stundenlanger Gesang zweier Personen, die auf einer Scheibe standen – noch heute schiebt Sloggi bei der Erinnerung die Schultern etwas vor. „Das war anstrengend!"

Seine Aufgaben bei EMI-Electrola waren vielfältig – kein Vergleich mit der „Präsenzpflicht" im Kontor bei Lerche. Dass er oft in den Außendienst „raus" musste, lag ihm allerdings von Anfang an. Es erforderte Spontaneität, Entdeckungslust und Kontaktfähigkeit und führte ihn auch mit Prominenten zusammen, mit denen es manchmal mit Samthandschuhen und andere Male mit großer Entschiedenheit umzugehen galt. Auf jeden Fall lernte er viel – auch für später, für die Herausforderungen in der BOA.

In dieser Zeit lernte er nette Kollegen wie Heini Sautter aus Bietigheim näher kennen, der sich nach ein paar Berufsjahren bei Telefunken ein kleines Imperium von Schallplattenläden in Baden-Württemberg aufgebaut hatte und ein guter Freund von Udo Lindenberg wurde. Das ist er bis heute geblieben.

Auch Rainer Ritter, der heute in München lebt, der sich nach seiner Schallplattenzeit ebenfalls selbstständig gemacht hatte und Manager von Catarina Valente wurde, lernte Sloggi näher kennen und war Anfang der 80er Jahre viel mit ihm unterwegs. Ritter hatte auch den

Schwabenrocker Wolle Kriwanek unter seine Fittiche genommen, mit dem sie – einschließlich seiner Band – dann öfter auf Tour gingen. Die Produktion der letzten Wolle-LP hat Sloggi, als Unterstützer Rainer Ritters, besonders intensiv begleitet. Sie waren zusammen in Hamburg, überwachten die Aufnahmen zu dieser LP und präsentierten sie, gemeinsam mit Wolle und Band, in ganz Süddeutschland.

Ein paar Tage lang war Sloggi damals auch mit Heino auf Promotion-Tour bei den Automatenaufstellern gewesen. Der Sanges-Barde wurde zu dieser Zeit noch von Ralf Bendix gemanagt, was man in jedem Gespräch merken konnte: es waren gewisse Sätze und Formulierungen, die immer wiederkehrten – wie auswendig gelernt.

Wenn sie mal eine Pause machten und irgendwo einen Kaffee tranken, wurde Heino natürlich erkannt und um Autogramme gebeten. Er war immer sehr höflich und nett, und seine Fans waren sicher auch immer beeindruckt, wie schlagfertig, spontan und witzig er in den Gesprächen reagierte.

Manchmal war Sloggi eine ganze Woche mit einem Sänger oder Künstler auf Promotiontour. Seine eigene „flotte Schnauze" hat er damals gut trainieren können, denn bei den meisten Händlern kamen lockere Sprüche gut an und viele beherrschten ihrerseits einen witzigen Small Talk. Zu etlichen Promotion- Partnern Werners ergaben sich mit der Zeit auch persönliche Beziehungen, man traf sich zum Essen und kam auch mal ins Schwärmen – von Gruppen, Konzerten und neuen Titeln.

EMI-Electrola schlug ihm nach ein, zwei Jahren vor, dass er ein Volontariat in London machen sollte, um kaufmännisches Englisch zu erlernen. Dann könne er im Anschluss in ihre Europazentrale in der Schweiz gehen.

Werner hat damals lange überlegt. Dann aber entschied er sich dagegen. Regine, seine erste langjährige Freundin, war der Hauptgrund, Stuttgart nicht zu verlassen. Hinzu kam aber auch, dass er inzwischen in vielen Clubs und Discos bekannt war und regelmäßig auflegte. Diese Bekanntheit wäre verspielt, wenn er der Region für mehrere Jahre den Rücken kehrte.

Seine erste Liebe, die Zeit mit Regine, ging trotzdem zu Ende. Sie waren gemeinsam viel im Partygeschehen unterwegs gewesen, aber daraus ergab sich schließlich auch, dass ihre eigentliche Beziehung nicht mehr funktionierte. Insbesondere Sloggi war zu viel unterwegs und immer mit seinen eigenen Dingen beschäftigt. Das hält keine Liebe aus!

Vor einigen Jahren ist er Regine überraschend wiederbegegnet. Sie ist seit Jahrzehnten mit einem Unternehmer verheiratet, mit einem, den auch Werner kennt. „Mit uns wäre das auf Dauer sowieso nicht gut gegangen!", schätzt er von heute aus ein. Und auf meine Frage, ob sie die ganz große Liebe war oder ob es später viel größere, dramatischere gab, sagt er nach kurzem Nachdenken: „Da ich gewohnt bin, rational zu denken, habe ich eine ‚alles verzehrende Liebe', wie von anderen oder von Künstlern beschrieben, nie erlebt."

Das hat wahrscheinlich auch gute Seiten. Man verbrennt nicht, es bleibt ausreichend viel vom eigenen Ich übrig, wenn die Liebe zu Ende geht. Sloggi hat es mehrfach so erlebt.

Der dritte Umzug seines Lebens führte ihn noch weiter in die Stuttgarter Innenstadt hinein, denn er zog zu Werner Armbruster in die Alexanderstraße. Zusammen in einer WG zu wohnen war natürlich eine andere Sache als sich, wie bisher, nur als Kollegen und Partyliebhaber zu erleben. Doch hinsichtlich Alltags- und Beziehungsgestaltung waren sie beide eher bürgerlich und konservativ eingestellt; Orgien zu feiern oder Berge von schmutzigem Geschirr zu stapeln war nicht ihr Ding, auch wenn es in ihrer geräumigen Wohnung häufig Partys gab und es zwischen ihnen locker zuging.

Partys und Musik spielte als Thema oder Event in ihren vier Wänden trotzdem immer eine große Rolle. Und nachdem einer von ihnen dann schließlich die Idee einer gemeinsamen Disco in Stuttgart das erste Mal ausgesprochen hatte, ließ der Gedanke sie nicht mehr los. Nun bewährte sich ihre „Männer-WG" schon mal wegen der kurzen Informationswege.

Anfang 1976, sie planten da schon konkreter, lernten Sloggi und Werner Armbruster ihren künftigen „dritten Mann" kennen – Jürgen Schumm. Es war wie eine Fügung, denn alles passte! Sie verstanden sich auf Anhieb.

Schumm betrieb damals noch die Diskothek „Le Meteque" in Sindelfingen und stand mit vielen Veranstaltern in Geschäftskontakten. Einer davon war ein Hannoveraner, der für die Agentur Lippmann und Rau, die für den 19.6.1976 die Rolling Stones ins Neckarstadion verpflichtet hatte, einen örtlichen Verantwortlichen suchte.

Jürgen Schumm sprach seine neuen Freunde an. Sloggi, der da ebenso wie Werner Armbruster schon nicht mehr bei EMI-Electrola war, freute sich besonders darüber – auf die Stones ebenso wie auf diese Herausforderung. Es sollte auch ein Testlauf für ihr künftiges Engagement als Discobetreiber werden. Sie übernahmen die Aufgabe und wurden komplett mit dem Aufgabenbündel Kartenverkauf, Catering und Künstlerbetreuung betraut.

Dieses Midsummerconcert, das damals übrigens nur 15 DM Eintritt gekostet hat, war ein absolutes Highlight in der örtlichen Konzertszene und seit langem ausverkauft. Und auch ihr Part war anspruchsvoll, sollten sie doch, unter anderem, die Stones-After-Show-Party ausrichten. Auf Grund ihrer Vorschläge für ein rustikales Barbecue mit Steaks, Pommes und Ketchup waren sie aus mehreren Bewerbern ausgewählt worden. Und diese Idee erwies sich auch in der Realität als goldrichtig: Als sie nach dem Konzert mit den Musikern in einer Art Wagenburg zusammensaßen und grillten, schien es in diesen spätabendlichen Stunden plötzlich das Allernormalste zu sein, dass Sloggi neben Mick Jagger saß und in aller Ruhe mit ihm reden konnte; keine Security, kein Ansturm von Paparazzi oder kreischender Fans störte sie.

Mittags noch hatte Sloggi ein Zusatzauftrag erreicht, der nichts mit Catering zu tun hatte: Er sollte Eimer besorgen für den Sänger, viele Eimer. Aus denen schüttete Mick Jagger während des Konzerts abwechselnd Wasser und Konfetti über die Fans. Auch spät in der Nacht kam noch ein Zusatzauftrag für Sloggi: Er wurde gebeten,

John Miles und die Musiker der Vorgruppe Little Feat zum Flughafen zu kutschieren.

Bei den Eltern ließ er sich immer seltener sehen. Es interessierte sie auch nicht, was er in Stuttgart so trieb. Im Gegenteil: dass er zwei Anstellungen aufgegeben hatte und nun ohne geregeltes Einkommen als Plattenaufleger in Discos und Clubs arbeitete, war für sie alles andere als das Leben, das sie sich für ihren Einzigen gewünscht hatten. Er hätte es doch in der Firma des Onkels so gut haben können!

Der hatte inzwischen sein Geschäft in Großsachsenheim verkauft und war mit der Familie nach Traunreut in Bayern gezogen, wo die Dependance sehr erfolgreich lief.

„Wegen Ilse war es schade ... Das war die Einzige aus der Verwandtschaft, mit der ich reden konnte und die sich auch für das interessierte, was mich umtrieb. So fleißig wie mein Vater oder der Onkel war ich ja schließlich auch – halt auf anderem Gebiet!“, sagt Sloggi rückblickend.

Eine Reise nach London

Das Rolling Stones-Konzert im Neckarstadion

5 Eine Schlange erblickt das Licht der Partywelt

Wenn die beiden Werner und Jürgen zusammen in Clubs unterwegs waren oder bei einem Bier (in Sloggis Fall: bei einer Weißweinschorle) zusammensaßen, festigte sich ihre Überzeugung, dass sie drei eine tolle und besondere Diskothek in Stuttgart auf die Beine stellen würden! Sie begeisterten sich gegenseitig immer mehr, aber jeder von ihnen war auch mal in der Rolle, den anderen Zweifel und Bedenken auszureden. Es war jetzt der genau richtige Zeitpunkt, und ihre Dreier-Crew bot genau die richtige Zusammensetzung, um in möglichst zentraler Lage Stuttgarts ein geeignetes Objekt zu finden und dann loszulegen! Sie wussten auch schon sehr genau, mit welchem Charakter und mit welcher Art Musik sie sich ihren Platz unter den schon existierenden Discos verschaffen wollten – sie brauchten nur möglichst schnell geeignete Räumlichkeiten!

Jürgen, der als Partymacher in Sindelfingen viel Selbstvertrauen und Urteilsvermögen erworben hatte und im Ländle viele Leute kannte, brachte schließlich eine Adresse ins Spiel, die großes Potenzial besaß: Im Tuchhaus Scheid in der Tübinger Straße nämlich stand das ehemalige Tuchlager seit Längerem leer! Auf Vermittlung Hans Roederers gingen sie zu dritt hin und waren dann schnell vom rustikalen Charme ihres künftigen „Partykellers", zu dem man allerdings eine Treppe hinauf gehen musste, überzeugt.

Sie zögerten nicht lange: 400 qm Clubfläche bot dieses ehemalige Tuchlager, dazu die günstige Lage und auf den ersten Blick überschaubare Investitionen – das mussten sie nun einfach wagen!

Überschaubare Investitionen? Das sagte sich so. Der türkische Architekt Salih Fettan, mit dem sie ihre Planungen besprachen, summierte die Kosten, die sich durch Einbau von Toiletten, einer Treppe und eines Kühlhauses für die Getränke ergeben würden ... und das waren nur die großen Positionen. Zusammen mit baulichen Instandsetzungen, der Ausstattung und Innengestaltung ergab seine Rechnung eine Summe von deutlich über einer halben Million D-Mark.

Sie wussten zu diesem Zeitpunkt schon mit Sicherheit, dass dieses Tuchhaus genau die richtige Adresse für sie war, sie wussten auch schon, dass sie ihre Disco innen blau gestalten und möglichst fünf oder sechs Tage in der Woche geöffnet haben würden. Aber sie wussten noch längst nicht, wie sie den Umbau und den Start finanzieren sollten.

Sloggis Eltern hielten nichts von seinen Plänen. „Dann schaff dafür!" sagte der Vater, wie er es ein paar Jahre zuvor schon gefordert hatte, als sein Sohn um finanzielle Hilfe für ein Auto gebeten hatte. Und für den Onkel, der zweifellos genug Geld für eine Finanzierungsspritze gehabt hätte, war und blieb Sloggi nun erst recht das Schwarze Schaf der Familie, der nichts Ordentliches zu Wege brachte und mit 24 Jahren abartige Flausen im Kopf hatte.

(Aber würden Sie Ihrem Kind oder Ihrem Neffen für eine solche Idee mehrere Zehntausend D-Mark gegeben haben? Für mich selbst ist die Antwort: Nein!)

Mitte 1976 gingen die drei Freunde gewissermaßen noch mal „in Klausur", um über die letzten Entscheidungen für ihre Diskothek nachdenken zu können. Wie sollten sie die Eröffnung gestalten, und wie würden danach der normale Ablauf und ihre Aufgabenteilung sein? Es waren noch viele Kleinigkeiten durchzusprechen.

Sie begaben sich auf einen Trip in den Senegal, in eine Clubanlage bei Dakar, wo sie genügend Gesprächs- und Entspannungsmöglichkeiten fanden, von wo aus sie aber auch kleine Unternehmungen starten konnten, um Land und Leute kennen zu lernen.

Der Auftakt war, dass ein Boy des Hotels sich anbot, sie zu seiner eigenen Familie zu begleiten, die seiner Auskunft nach in der Nähe wohnte. Da begann der erste Kulturschock, denn sie hatten zuvor nie einen afrikanischen Kral gesehen. Die Gegensätze wurden noch deutlicher, als ihr Boy sie als nächstes in die Hauptstadt Dakar brachte, wo sie den legendären Silbermarkt und natürlich den großen Hafen besuchten. Die Szenerie des Tourismus mit den Hotels und Cafés, Straßenständen, zwielichtigen Kaschemmen und Nachtbars machte die Eindrücke des Krals nicht vergessen, sondern brachte sie erneut in bedrückende Erinnerung. Hatte es der Boy am Ende genau so beabsichtigt gehabt? Sie waren froh, als sie zurück in ihr Stuttgarter Leben konnten, die heiße Phase der letzten Monate vor der Eröffnung forderte alle Konzentration. Und die letzten verfügbaren Mittel.

Sie verdienten ihr Geld damals alle drei in Discos. Freiberuflich gewissermaßen. Das waren in Sloggis Fall in guten Zeiten öfter zwei bis drei Aufträge pro Woche.

Aber viel zurückgelegt hatten sie alle nicht, und Auto-, Wohn- und Lebenshaltungskosten wollten auch bestritten sein.

Jürgen hatte gute Kontakte zur Stuttgarter Hofbräu AG. So gelang es ihm, von diesem, ihrem künftigen Bierlieferanten, ein Darlehen zu beschaffen. Und Sloggi konnte seine Hausbank überzeugen, dass ihre Idee eines Discoclubs mitten in Stuttgart bald Früchte tragen würde. Er bekam einen Kredit bewilligt. Auch Werner Armbruster trieb noch ein paar Mittel auf.

Und dann ging es los. Die Grundstücksübernahme lag bei Sloggi ja eigentlich in den Händen eines ausgebildeten „Fachmanns". Trotzdem stellten sich mit den Ämtern, den Mitnutzern ihres Grundstücks und künftigen Nachbarn kleinere Probleme und Ärgernisse ein. Verzögerungen ergaben sich daraus, dass sich herumgesprochen hatte, was hier an der Tübinger Straße 16 entstehen sollte: Eine Disco, in der bis morgens gelärmt, getrunken und geraucht werden würde, ein Ort, der kriminelles Volk anlocken und die umliegenden Grundstücke entwerten würde! So zumindest sahen es einzelne der Nachbarn, ein paar klagten auch. Sie aber ließen sich nicht entmutigen, im Gegenteil, je mehr Kraft und Fantasie sie in die Planungen und Klärungen investierten, um so mehr wuchs die Vorfreude.

Umso wichtiger wurde es angesichts ihrer Verschuldung aber auch, dass ihre Rechnungen aufgingen!

Weiterhin legte Sloggi zwei- bis dreimal wöchentlich im „Point" in Schorndorf auf, das brachte regelmäßige Einnahmen, aber er kam immer weniger zum Schlafen.

Denn je schneller sich das Jahr 1976 seinem Ende zuneigte, umso dringender wurden die Entscheidungen, wie sie ihre Disco (die sie, in Abgrenzung zu anderen, immer mit k, also Disko, schreiben wollten) im Inneren gestalten und wie ab Januar die Abende dort ablaufen würden.

Die Sitzgruppen des Lokals wurden mit aufwendigen Elementen durch die Designer der französischen Marke Ligne Roset gestaltet. Sie passten sich den Rundungen des Lokals hervorragend an und haben sich bis heute bewährt, nicht zuletzt durch eine gewisse Extravaganz. Die Theke und die kleinen runden Tische dagegen sollten in erster Linie praktisch sein. Eher außergewöhnlich waren zwei neue Bassboxen, die die Tanzfläche umrahmten.

Die letzten Bauarbeiten wurden im Spätherbst 1976 bewältigt. Die Möbelfrage war da schon geklärt. Nun ging es noch um die originelle Gestaltung des Partyraumes, für die es eine erste Vorstellung gab. Denn irgendwie waren sie zu großen Kabelrollen gelangt, auf denen fünf Kilometer blaue Taue aufgewickelt waren. Die ließen sich, das war die Idee, doch toll zur Dekoration verwenden!

Da die Decken des ehemaligen Tuchlagers dringend einer Aufwertung bedurften, beschlossen sie, dort dicht an dicht 50 cm lange Kordeln anzuhängen.

Gesagt, getan: Die zwei Werner und Jürgen schnitten in den Wochen vor der Eröffnung der BOA mehrere Nachmittage und Abende halbmeterlange Taustücke zurecht. Deren poröse Enden mussten allerdings verklebt werden. Dazu nutzten sie eine Kochplatte, auf der sie die Kordeln quasi zurechtschmorten. „Das hat gestunken wie …“ erinnert sich Sloggi. Die blauen Taustücke, die dann von den Decken hingen, ergaben schließlich ein fulminantes, bizarres Ambiente, das es so nirgendwo anders gab.

Dafür und für die besondere Innenarchitektur des Partyraums musste es nun aber auch einen besonderen Namen geben, zu dessen Findung sie sich zu einem Brainstorming in größerer Runde trafen. Der Name sollte kurz und prägnant sein und den Charakter des Lokals zum Ausdruck bringen, der durch die Rundungen des Raums, die geschwungene Bargestaltung und die blauen Tau-Schlingen ein bisschen an Dschungel denken ließ.

Dann war er plötzlich da, dieser einprägsame und fantastische Name: BOA! Ihr türkischer Architekt hatte ihn zuerst ausgesprochen.

Das passende Logo dazu wurde von den Stuttgarter Grafikern Raith + Caligari gezeichnet. wobei die Schlange im Logo eigentlich keine BOA ist, denn die hätte keine Schneidezähne. Aber gerade das war dann auch wieder etwas Außergewöhnliches, um das es ihnen ja ging.

Die BOA konnte nun also an den Start gehen. Eine Wirkungsstätte und ihren besonderen Namen besaß sie nun schon.

Werbefachmänner hätten die Namenswahl möglicherweise nicht für gut befunden, ließ BOA ja auch an etwas Gefährliches, Giftiges denken. Aber Werbefachleute hätten wahrscheinlich auch nicht für möglich gehalten, dass die BOA für inzwischen mehr als vier Jahrzehnte eine Institution in Stuttgart werden sollte!

Die praktische Zusammenarbeit in den Wochen vor der Eröffnung schweißte die beiden Werner und Jürgen nochmals auf besondere Weise zusammen. Wir greifen voraus: Für mehrere Jahre eines gemeinsamen geschäftlichen Aufbruchs sollte das am Ende reichen. Im Dezember 1976, in der Phase höchster Anspannung und großer Erwartungen kurz vor der Eröffnung, waren sie alle noch davon überzeugt, dass ihre Freundschaft und ihre Discogemeinschaft eine halbe Ewigkeit halten würden.

Ihr Hochgefühl kannte keine Grenzen.

Nach einem dreiviertel Jahr Bau- und Vorbereitungsstress war es endlich geschafft – die BOA konnte am 13. Januar 1977 das erste Mal zeigen, was sie für Ausgehfreudige zu bieten hatte: Tanz- und Amüsiermöglichkeiten in einem locker-fröhlichen, trotzdem gepflegten Ambiente, einen attraktiven Musik-Mix aus Ohrwürmern und aktuellen Pop-Titeln, und aufmerksame Geschäftsführer, die den gesamten Abend als Gesprächspartner zur Verfügung standen. Sie wollten eine Disco machen, in der sich jeder wohl fühlen konnte – Jüngere wie Ältere, Frauen und Männer gleichermaßen, Studenten ebenso wie Bauarbeiter. Mit ihrem DJ Lupus, der schon damals eine Größe in der Stuttgarter Disco-Szene war, verband sich die Sicherheit, dass mit dem Musik-Mix in der BOA jeder Geschmack bedient werden würde.

Es konnte losgehen!

In der Stuttgarter Gastronomie waren sie drei noch immer relativ neu, sodass sie auch gegenseitig darauf achteten, die Erwartungen an den Eröffnungsabend nicht überschäumen zu lassen. Sonst würde die Enttäuschung am Ende umso bitterer sein. Aber die Presse hatte so viel und so wohlwollend über die neue Diskothek berichtet und auch ihre Getränkelieferanten Hofbräu, Coca-Cola und andere brachten sich so engagiert in die Werbung ein, dass für diesen 13.1.1977 schnell „ausverkauft“ war und noch bis in späteren Abend hinein draußen Neugierige geduldig warteten, ob es nicht doch noch Einlass geben würde. Und „drin“ lief dann alles wie geplant, die vielen Gäste amüsierten sich aufs Beste und die Stimmung war von der ersten bis zur letzten Stunde dieses Abends gelöst und ausgelassen.

Die große und positive Presseresonanz der nächsten Tage verschaffte ihnen von vornherein einen Ruf, der zum großen Erfolg der BOA in den nächsten Wochen, Monaten und Jahren beitragen sollte. Die Presse hob nicht nur das fröhliche Treiben auf der Tanzfläche und den Musik-Mix hervor, sondern lobte auch die Präsenz von ihnen, den drei Geschäftsführern.

Zum besonderen Highlight dieses ersten Abends geriet dann die Inthronisation des Barons der Zigeunerinsel in der BOA. Selbiger zelebrierte mit seiner Baronesse auch den ersten Tanz in diesem vollen Haus.

Dieser Baron war Sloggi I. vom Adlerhorst. Und seine Baronesse hieß Sylvia vom Schönbuch. Der Eröffnungstanz zum Titel „Fly like an Eagle“ von der Steve Miller

Band war stimmungsvoll wie der gesamte Auftritt dieses besonderen Paares.

Werner Find, der frühere Klassenclown, nun plötzlich ein „Zigeuner-Baron“ mit adeligem Titel?

Wie es dazu kam – dafür müssen wir nun sowohl ein bisschen zurückblicken wie auch vorausgreifen.

Sloggi bei Party in den 70ern ...

... als Boa-DJ in den 80ern ...

Die 20er Jahre Party in der Boa

Sloggi und Buddy

Stimmung unter blauen Tauen

DJ Lupus in Aktion

„Sloggi" mit der Boa-Mannschaft beim Fußball

Die Boa 1987

6 Baron der Zigeuner

Auf dem Kindheitsfoto, das Sloggi mit Schnauzer und Hut neben der kleinen Spanierin Ilse zeigt, sieht er weder nach Zigeuner noch nach Baron aus. Und auch nicht nach Präsident. Aber all das sollte aus ihm werden, zumindest in der fünften Jahreszeit, die nach den schwäbischen Wirtschaftswunderjahren immer ausgelassener gefeiert wurde – am Neckar und bis hinunter zum Bodensee.

Wenn man Sloggi im Alltagsleben, z.B. im Vinum im Stuttgarter Literaturhaus gegenüber sitzt, wie ich es in etwa zwölf oder fünfzehn Gesprächen erlebt habe, vermutet man in ihm keinesfalls einen ausgemachten Faschingstypen. Denn er beweist zwar einen feinen Humor, wirkt aber eher rational, kontrolliert und öfter nachdenklich, jedenfalls nicht wie ein Dauerspaßvogel.

Aber es soll ja bei vielen so sein, dass sie erst bei Fasnetsveranstaltungen, kostümiert und in einer besonderen Rolle, ihre Narrenbegeisterung offenbaren.

„Und bei mir kommt das Mikrophon dazu: Sowie ich eins in der Hand habe, fühle ich mich zum Stimmungsmacher berufen und genieße den Auftritt", bestätigt Werner Find das, was unzählige Male in der Presse zu lesen war: Sloggi in Fasnetzeiten – ein Vergnügen! Als Büttenredner, Moderator oder in Klamauk-Szenen mit anderen liefe er zu ganz großer Form auf!

Wie und wann gab es in seinen bisherigen Leben aber eigentlich die Schnittstellen zur Fasnetszene? Zumindest hatte er Spielmannszüge schon immer gemocht, und dann der besagte Kinderfasching mit der Cousine. Aber ansonsten?

„Es wird wohl in mir geschlummert haben. Schon damals, als ich im Kreis der Freunde und Klassenkameraden gern den Clown gegeben habe“, vermutet er.

Dass er Baron der Zigeunerinsel wurde, hatte damit zu tun, dass sein Freund und Geschäftspartner Jürgen Schumm diese Rolle bis Ende 1976 innegehabt hatte. Von ihm kam dann auch die Idee, dass Sloggi sein Nachfolger als Baron der Zigeunerinsel werden könnte, zumal er da ja auch Hans Roederer schon kannte, der für sie drei die Vermittlung zum Vermieter des Tuchhauses übernommen hatte.

Baron der Zigeunerinsel zu werden – dafür brauchte er keine Bedenkzeit, die Sache war ganz nach Sloggis Geschmack. Nach der Vorstellung bei der Gesellschaft wurde er auch gleich in den Verein aufgenommen und bald darauf als Baron Sloggi der I. vorgeschlagen.

Der Verein Zigeunerinsel existiert schon seit 1910. Damals wurde er, vor allem zum Zwecke der Pflege von Nachbarschaft und Geselligkeit, im Stuttgarter Westen gegründet. Seinen Namen erhielt er, weil die Gründergeneration in den bebauten städtischen Arealen wohnte, die einst Wiesen gewesen waren. Deren Betreten war damals auch Zigeunern erlaubt worden, die man üblicherweise nirgendwo anders duldete.

Erst in den 50er Jahren wurde aus der Nachbarschaftsinitiative so recht ein Karnevalsverein. In seinen Spitzenzeiten gehörten ihm rund 1.000 Mitglieder an.

Mit seinen vielen Prunksitzungen, Umzügen und Spielmannszügen sorgte er für pralle Lebendigkeit in der Schwabenmetropole. Ein Baron und seine Baronesse waren 1953 das erste Mal gekürt worden.

Ob sie so hübsch und passend aussahen wie Sloggi und Silvia 1977? Wer weiß!

Dass ihrer beider Wahl mit der Eröffnungsparty der Boa am 13. Januar zusammenfiel, war nicht nur Zufall, sondern Resultat guter Organisation und Vernetzung, die für Sloggi fast ebenso typisch wurden wie sein Können am Mikrophon, seine Sprüche, seine Python-Stiefel und sein Schnauzer.

Die eigentliche Inthronisation als Baron und Baronesse hatte an jenem 13. Januar 1977 schon morgens 10 Uhr im Stuttgarter Ratskeller stattgefunden. Als Baron eines so großen und bekannten Narrenvereins ist man dessen höchste Repräsentationsfigur, und bei der Inthronisation nimmt man entsprechend „würdig" die zahllosen Huldigungen, Orden und Geschenke der gesamten Narrenszene und auch offizieller Vertreter der kommunalen Öffentlichkeit entgegen.

Der Tanz des Barons vom Adlerhorst mit Baronesse Sylvia in der neu eröffneten BOA wurde für Sloggi zum Beginn einer regelrechten Karriere in der Subwelt der Narren. Allerdings nicht als Tänzer; denn er war (und auch das mit nur mittlerer Begeisterung) lediglich Discotänzer, während Standardtänze ihm immer ein Gräuel blieben. Worauf wir noch zurückkommen werden!

Von der Inthronisation an jedenfalls gehörte er fest und prominent zur Narrenszene im Ländle und hatte auch ganz persönlich Blut geleckt.

Sloggis Hofmarschall während seiner Zeit als Baron war übrigens Edgar Dieringer, der damals in der BOA am Zapf stand. Und noch heute, im Jahr 2020 – mit Anfang achtzig! – kommt Edgar mit seiner Ingrid zu großen Parties in der Reithalle oder bei Porsche!

1977 (siehe Foto!) waren sie beide auch als Zweierteam beim Cannstatter Kübelrennen angetreten. Auch da muss man sich ja aufeinander verlassen können und schnell sein. Vor allem aber muss man als erwachsener Mensch noch Spaß an ausgefallenen Ideen und ein bisschen Unfug haben. In ihrer beiden Fall traf es zu, und Sloggi hatte von da an mehr oder weniger unablässig Spaß an ausgefallenen Ideen, Sketchen und Büttenreden.

Als Baron war sein Kalender bald proppenvoll, denn er und seine Baronesse sollten bei möglichst vielen Terminen in Erscheinung treten: Sie besuchten beispielsweise Vereine und übergaben Jahresorden – an die Vereine ebenso wie an Einzelpersönlichkeiten. Sloggi erinnert sich spontan an Franz Josef Strauß in München, an Hermann Prey in Wien. Die zahllosen Events und Termine waren oft mit größeren Reisen verbunden. Er denkt gern an Wien und einen Auftritt in der Hofburg zurück, oder an einen großen Umzug in Mulhouse/Elsass. Der Höhepunkt ihrer Zeit als Baronenpaar war dann aber der Fernsehauftritt in S3, bei dem die Baronesse (die damals auf eine Karriere als Schlagersängerin hoffte) das Lied vom Schmidtchen Schleicher sang und Sloggi dazu die elastischen Beine schwang.

Auch nach der auf ein Jahr begrenzten Zeit als Baron blieb er der Zigeunerinsel treu. Die Faschingsgepflogenheiten und die vielen neuen Bekannten waren eine nette Abwechslung und Bereicherung zu den Erfahrungen und Herausforderungen als Gastronom und Diskothekenbetreiber. Seit 1982 war er im Elferrat Veranstaltungsleiter und ging von da an auch öfter mal in die Bütt, wenn noch ein Programmpunkt fehlte. Wir werden noch von solchen Auftritten hören!

Später übernahm er auch die Rolle des Sitzungspräsidenten, denn die Prunksitzungen, damals noch am Faschingssonntag, waren immer ein besonderer Höhepunkt und stellten Weichen für die nächste Saison.

1986 wurde er Vizepräsident, 1991 dann sogar Präsident der Zigeunerinsel. Das blieb er bis 2010. Dieses große, anspruchsvolle Amt hatte er in erster Linie seinem persönlichen Mentor Hans Roederer zu verdanken: einer der Freunde, die nicht mehr leben – und die Sloggi bis heute sehr fehlen.

Aber nun wieder zurück in die späten siebziger Jahre:

Baron Sloggi und Hofmarschall Edgar in Aktion

Mit Edgar beim Kübelrennen in Bad Cannstatt

Mentor Hans Roderer Sloggi verdankt ihm viel

Das Trio Edgar, Jürgen und Sloggi

Weiberfasching in Cannstatt

Prunksitzung in der Liederhalle
Foto Wolfgang List - www.perfectfotos.com

Sloggi und Günther H. Oettinger
engelhardphotography

Übergabe seiner Präsidentenmütze an den Nachfolger Joachim Engler
GEROgrafie

„Auf den Knien“ vor einer Prinzessin bei Prunksitzung der Zigeunerinsel

Ehrenpräsident
© www.perfectfotos.com by Wolfgang List

Umzug in Stuttgart
GEROgrafie

Empfang beim Ministerpräsidenten

Für solche Ladys steigt Sloggi – wegen der Augenhöhe – auch gern mal auf die Leiter!

7 Die Schlange gedeiht weiter

Ein bisschen Urlaub und kleinere Reisen gehörten für Sloggi trotz aller Geschäftigkeit für die BOA und seiner anderen Unternehmungen immer dazu, er schöpfte neue Ideen daraus.

So bei einer Reise, die ihn mit Bekannten nach Griechenland führte, eine Reise, deren Eindrücke davon überlagert wurden, dass im August gerade Elvis gestorben war. Das dämpfte ihre Stimmung sehr, sie durchlebten ein kollektives Gefühl der Melancholie und waren tief bekümmert darüber, dass „er" nie mehr da sein würde. Seine Songs aber blieben, sie hörten sie umso intensiver.

Als bloße Erholung waren die Spätsommerwochen in Griechenland aber sowieso nicht geplant gewesen, sondern sie wollten zusammen mit einem Münchner Filmteam einen Film vom Partyleben an Deck eines Schiffes drehen: Das Schicki-Micki-Publikum, das sich an Bord in Smoking und Cocktailkleidern sehen ließ, die Bikini-Mädchen an den Stränden und die Touristen im Hafen sollten filmisch eingefangen werden.

„So ganz gelang das dann aber nicht ...", grinst Sloggi, während er sich erinnert. Denn die Einheimischen feindeten sie und ihr Filmteam plötzlich an und wollten nicht länger als Filmkulisse dienen. Aber auch das erwies sich für Sloggi als gute Erfahrung. Es galt bei derartigen Vorhaben immer auch die Perspektiven derer zu beachten, die sich von künstlerischen oder kulturellen Intentionen belästigt fühlten.

Mit der BOA musste es nach der Rückkehr möglichst schnell erfolgreich weiter gehen, denn Sloggi, Werner „King“ Armbruster und Jürgen Schumm hatten sich für ihren gemeinsamen Traum hoch verschuldet.

Aber ihr Start im Stuttgarter Partyleben blieb weiterhin fulminant, der Name BOA war in vieler Munde, er verband sich mit der Erwartung an ein besonderes, etwas gehobenes Nachtleben, aber auch mit ihnen persönlich, die sie mit so viel Herzblut bei der Sache waren und sich auf besondere Weise um ihre Gäste kümmerten.

Und doch: Es muss viel zusammenkommen, damit eine Idee – in diesem Fall eine Schlange – stetig wächst und dabei kein Untier wird. So wuchs die BOA gewissermaßen „kontrolliert“.

Zu Beginn hatte ihre Partylocation sieben Tage in der Woche auf und hatte unterschiedliche Programme zu bieten. Wie auch sonst hätten sie angesichts der rigiden Sperrstunden für genügend Frequenz und Umsatz in den angemieteten Räumen sorgen können? Sechs Monate lang blieb es bei der Sperrzeit 24 Uhr. Samstags konnte wenigstens bis 1 Uhr gefeiert werden, aber auch das war viel zu kurz! Da gingen, zumindest bis Februar 2020, viele Partys erst richtig los!

Und auch die Tatsache, dass sie sieben Tage pro Woche für die Gäste da waren, muss man sich von heute aus, wo Veranstaltungslokale üblicherweise zwei- bis dreimal pro Woche geöffnet haben, auf der Zunge zergehen lassen. Angesichts der aufwändigen Vor- und Nachbereitungen von Partynächten kaum noch vorstellbar!

Als BOA-Crew kreierten sie damals das Montags-Special, das es in vergleichbarer Form bis heute gibt. Und bis heute funktioniert das Konzept bestens!

Um auch Teenis anzusprechen, eine für sie wichtige Zielgruppe damals, öffneten sie samstags bereits 18 Uhr. Doch um 22 Uhr galt es dann dafür zu sorgen, dass die Gäste unter 18 Jahren das Lokal umgehend verließen. Sie durften es schließlich gar nicht erst darauf ankommen lassen, von den Ordnungsbehörden misstrauisch beäugt zu werden, mussten ihren guten Ruf im Blick haben und auch dafür sorgen, dass es nach der Sperrstunde zum „geordneten“ Abgang aller Gäste kam. Sie versuchten das gewissenhaft zu bewältigen.

Trotzdem gab es hin und wieder Probleme mit dem unmittelbar benachbarten Hotel Ketterer, dessen Betreiber bzw. deren leitende Angestellte sich bei der Stadt beschwerten oder Diskussionen vor Ort provozierten. Aber Sloggi, „King“ und Jürgen kümmerten sich weiter um klare Regeln und Absprachen. Ärger wollten sie, auch im Hinblick auf eine künftige Lockerung der Sperrstunde, möglichst vermeiden oder klein halten.

Zu ihrem Stammpublikum gehörten bald auch schon Gäste aus der Stuttgarter Merz-Schule, deren Namen bis heute – damals noch nicht abzusehen – recht bekannt sind. Genannt werden sollen hier beispielhaft Florian König (RTL-Sportreporter), Stefan Leitz (Leitz-Ordner), Dr. Frank Nopper (OB von Backnang), Martina Hunzelmann (Hochland Kaffee), Thomas Kuhn (Südwestbank-Direktor). Die Liste wäre schnell durch die Namen etlicher angehender Sportler, heutiger Rechtsanwälte und

Firmenchefs zu ergänzen, aber Sloggi mag (in Interviews durch die Presse in den letzten Jahren leider öfter in diese Ecke gedrängt ...), die „Prominentenkarte" nicht zu häufig ziehen.

Für die Merz-Schüler galt wie für alle anderen Gäste, dass in der BOA alle gleich behandelt wurden. Für Besäufnisse, den Konsum harter Drogen, Belästigungen anderer Gäste oder laute Streitereien oder gar Schlägereien war in ihrem Lokal kein Platz. Gäste, denen der Sinn danach stand, wurden konsequent nach draußen geleitet – prominent hin oder her.

Es gab aber vor allem angenehme Gäste in der BOA, und es wurden derer immer mehr.

Und es gab natürlich auch die ganz besonders angenehmen Gäste, wie zum Beispiel Claudia, die Sloggi schon vor der Griechenland-Reise kennengelernt hatte und die da am liebsten mitgefahren wäre.

Das klappte zwar nicht, aber sie fanden sich nach seiner Abwesenheit schnell wieder und wurden für eine Weile ein Paar. Das hielt damals ein paar Monate. Aber es gilt hier vorauszugreifen: Gegen Ende der Neunzigerjahre gab es mit Claudia ein Revival. Auch das dauerte nicht gar zu lange, und auch da wohnten sie ein paar Monate zusammen.

Die Liebe oder andere Gefühlsdinge gehen manchmal seltsame Wege.

Das Wochenprogramm in der BOA hatte inzwischen eine feste Struktur. Der „Insider"-Montag, der in der „Grauphase" zwischen Ende des Wochenendes und endlos scheinender Arbeitswoche ein Highlight setzte, erwies sich als erstklassiger Auftakt. Sloggi und Bernd Heidelbauer vom damaligen „Bernds Lädle“, der für die Bewirtung sorgte, kümmerten sich gemeinsam ums Gelingen. Ein besonderes Publikum war ihnen immer garantiert.

Zu ihrem Konzept gehörte es, mehr und mehr Stammgäste für die BOA zu generieren, die dann ihrerseits Freunde ansprachen und für noch breitere Publikumskreise sorgten. Ein Schneeballsystem gewissermaßen, das zugleich zur Erhöhung der Qualität und zu noch mehr Verbundenheit mit ihren Gästen beitrug. So organisierten sie bald auch Ausflüge, Sternfahrten und Fußballturniere, bei denen sich BOA-Gäste einbringen und gegenseitig besser kennenlernen konnten. Die BOA wurde für viele zu einer Art zweitem Wohnzimmer, in dem sich Zusammengehörigkeitsgefühl und eine besondere Identität ausbilden konnten.

Würde ein solches Konzept denn heute noch funktionieren? Wie viel „Zusammengehören“ brauchen Partygänger im Jahr 2020 noch, will man es heute nicht grundsätzlich anonymer? Soziologen und Psychologen sagen: Die sozialen Medien binden einen großen Teil der Kontakt- und Austauschbedürfnisse. Das Interesse an realen Begegnungen wird deshalb in der Folge geringer.

Sloggi spricht bei diesem Thema gern vom veränderten Ausgehverhalten: In den ersten BOA-Jahrzehnten verabredete man sich fest für einen Wochentag und eine Uhrzeit, freute sich drauf und genoss dann das Zusammensein.

„Heute schreiben sich die Leute eine WhatsApp, wenn sie grad die Idee haben. Bei einigen passt es auch rein. Bei anderen nicht, oder die schlagen was anderes vor. Alles ist unverbindlicher."

Für sieben Tage Öffnungszeit in der Woche brauchten sie natürlich auch einen festen Stamm von Angestellten. Bar, Zapf und Service mussten jederzeit gut und verlässlich funktionieren. Zwar gab es anfangs nur Getränke in der BOA, die aber mussten, in beachtlichen Mengen, erst ausgeschenkt und dann von den Servicekräften, bei sparsamer Beleuchtung und an dicht gedrängt stehenden oder tanzenden, schwatzenden, trinkenden und anfangs auch rauchenden Leuten vorbei, bis zu den Tischen balanciert werden. Stuttgarter Hofbräu-Biere fanden immer reichlich Absatz. Anfangs waren auch Asbach- oder Whisky-Cola und bei Frauen Sekt sehr gefragt. Später begann die große Zeit von Wodka mit Red Bull, Jacky-Cola und Prosecco.

Etliche ihrer Mitarbeiter waren von Anfang an in der BOA und blieben auch ausgesprochen lange im Team, einige 20 Jahre und länger. Für einen Gastronomiebetrieb, wo Fluktuation in der Mannschaft als branchentypisch gilt (was aktuell für viele Lokale und Clubs zum K.o.-Kriterium geworden ist), war das damals schon etwas Besonderes. Kein stetiger Wechsel des Personals wie bei anderen – auch das war ein Grund dafür, dass ihre Fangemeinde wuchs. Gäste konnten sich auf vertraute Gesichter an der Theke und beim Service verlassen und wurden oft auch ihrerseits wiedererkannt.

Das hatte auch mit Sloggis „gutem Händchen“ fürs Personal zu tun. Ganz ohne Studium der Organisations- und Arbeitspsychologie vermochte er schon nach ein, zwei Gesprächen und oft sogar schon in den ersten fünf Minuten einer Unterredung einzuschätzen, ob jemand zu ihnen passte oder nicht.

„Woran haben Sie das erkannt? Und worauf kam es Ihnen denn besonders an?“, hab ich ihn im Gespräch gefragt.

„Man muss Freude am Kontakt mit Leuten haben und auch mit schrägen Typen klar kommen. Vor allem: man darf Mitarbeiter nicht durch Unfreundlichkeit und schlechte Laune verprellen, muss aber trotzdem Grenzen setzen und Regeln deutlich machen. Nur so bleibt man Herr im Hause“, erwiderte er.

Einige meiner Gesprächspartner für diese Biographie meinten: „Naja, immer ist ihm das nicht gelungen. Er war und ist manchmal einfach zu gutmütig!“

Er war in jenen Anfangsjahren der BOA meist schon vom Mittag an auf den Beinen, klärte, bestellte, telefonierte und organisierte. Und er rechnete auch … denn das Personal, die Miete, die Getränke, der Discjockey – alles wollte bezahlt sein.

Sein wichtigster „Auftritt“ allerdings stand dann bevor, wenn die BOA 20 Uhr öffnete und die Gäste hereinströmten. Dann nämlich war das zu leisten, was er bis heute für das Wichtigste bei einem Chef-Job in einer Vergnügungsstätte erachtet: Man muss da sein, muss Gäste erkennen, begrüßen, einstimmen und vielleicht in kurze Gespräche ziehen können.

„Sich ganz persönlich willkommen zu fühlen und angesprochen zu werden – das bedeutet den Leuten unglaublich viel!", ist er bis heute überzeugt.

Jeder von uns wird das aus der Gast- bzw. Kundenperspektive heraus bestätigen: Egal ob beim Friseur oder beim Zahnarzt oder im Lokal – man fühlt sich gleich wohler und am rechten Platz, wenn man erkannt und persönlich begrüßt wird. Manche Unternehmen lassen ihre Mitarbeiter extra coachen, damit diese sich „kundenorientiert" verhalten. Bei Sloggi war es wahrscheinlich auch Freude an lebendigen Kontakten und am Small Talk überhaupt. Und natürlich kam seine Begabung dazu: Nicht nur als Clown wie einst, sondern auch in der Rolle des Geschäftsführers fand er es spannend, andere Menschen in ihren Reaktionen zu erleben oder diese, mit etwas Witz und mit seiner Schlagfertigkeit, auch extra herauszukitzeln.

Im Sommer ihres ersten Jahres kam endlich der Bescheid, dass die BOA bis 2 Uhr öffnen durfte, die Durststrecke war damit überstanden. Bis zur endgültigen Genehmigung, bis 3 Uhr öffnen zu können, vergingen dann allerdings weitere Jahre und es brauchte mehrere Anträge bei der Stadt Stuttgart, dem Amt für öffentliche Ordnung. Von da an ließen sie nur noch Gäste ab 18 Jahren in die BOA. Eine Ausnahme bildeten lediglich einzelne Partys speziell für jüngere Leute.

Das Mindestalter 18 vereinfachte die Sicherheitsfragen und die Verantwortung, die sie für alle Gäste trugen, erheblich, vor allem, als in späteren Jahren das

„Vorglühen“ bei Jugendlichen üblicher wurde, die, die von Veranstaltungen oder vom Stadion kommend, immer häufiger schon angetrunken auftauchten, ohne etwas zum Umsatz und für eine entspannte gesellige Atmosphäre beitragen zu können oder zu wollen.

Mit der wachsenden Bekanntheit ihrer Angebote zeigte sich auch, womit sie schon in der Planungsphase gerechnet hatten: Die Räumlichkeiten waren vergleichsweise klein. Da durften nicht zu viele und es durfte nicht jeder rein, der Einlass begehrte! Die Qualität und die Perspektive ihres Lokals entschied sich damit schon „an der Tür“, wo sie eine harte Auswahl treffen mussten und nur ihnen bekannte bzw. genehme Gäste einließen.

„Die Tür“ bedeutet, dass man sich als Hausherr auch damals schon ganz besonders um den Einlass kümmern musste, wenn einem an einer bestimmten Qualität des Abends gelegen war. Wer durfte herein und wurde so Teil des besonderen Publikums – nicht nur dieses Abends, sondern viel grundsätzlicher – dieses Clubs? „Das bestimmt den Ruf, den Zulauf, die Erwartungen und den Ablauf der Veranstaltungen bis heute“, erklärt Sloggi bei unseren Gesprächen.

„Am Anfang ist die Tür…“, könnte man philosophisch werden. Denn vom Einlass hängt eine Menge dafür ab, dass sich eine Disco erfolgreich weiterentwickeln kann.

In ihrer Anfangszeiten wollte mal ein junger Merz-Schüler in die BOA, der von einem der Türsteher mit den Worten „Zieh dir erst mal was Richtiges an!“ abgewiesen wurde. Das machte in der Schule die Runde. Beim nächsten Mal nahm ihn eine hübsche Mitschülerin namens Stefanie Stihl mit in die Tübinger Straße. Als der Türsteher sie sah, sagte er diesmal: „Die hübsche Schöne kann rein, und der Kleine, den sie dabei hat, darf auch mit.“ So war der Bann für diesen Frank gebrochen – und er, der heutige Backnanger OB, wurde Stammgast in der Diskothek BOA.

Heute würden manche bereits Sexismus in solch einer Ansage sehen ...

1978 gab es eine „Harley-Davidson-Party“ in der BOA, bei der die Fans ihre Boliden gleich vor dem Lokal abstellten. Vorbeifahrende Polizeistreifen vermuteten ein Rockertreffen und ließen sich nur mit viel Überzeugungskraft davon abhalten, das Ganze umgehend zu beenden. Noch schwerer allerdings wurde es für die BOA-Chefs, anschließend die Biker-Fans davon zu überzeugen, ihre Maschinen so schnell wie möglich woandershin zu rollen. Zu dem Geschehen gab es am Folgetag einen großen Artikel in der Stuttgarter Zeitung.

Dem guten Ruf aber schadeten solche Vorkommnisse nicht, im Gegenteil. Vielmehr zeigte die BOA ihre Vielfältigkeit und wurde immer bekannter. Auch Leute aus den „gehobenen Kreisen“ standen bald in der Schlange derer, die abends auf Einlass warteten.

Über Jürgen Schumm kamen auch viele Gäste in die BOA, die ihn aus seiner Sindelfinger Zeit im Le Meteque gekannt hatten. Eines Tages wurden sie, die drei Geschäftsführer, zu einer Party eines dieser Sindelfinger

Gäste in die Garage seiner Eltern eingeladen. Sloggi erinnert sich: überall, von der Decke herab und an den Wänden, hingen skurrile Elemente – Raumschiffe, Galaxien, Monstergestalten. Dass ihr Gastgeber Roland Emmerich einmal einer der bekanntesten Hollywood-Regisseure werden sollte, war damals freilich noch nicht zu ahnen.

Trotz der vielen Aufgaben und langer Präsenzzeit bis weit nach Mitternacht blieb für Sloggi noch ein wenig Zeit fürs Privatleben. Er war noch nicht mal 30 – und gehörte plötzlich schon zu den stadtbekannten Persönlichkeiten, zumindest im Stuttgarter Nachtleben.

Eine Frau an seiner Seite war damals eine zeitlang Donatha Klett aus der gleichnamigen „Dynastie"; mit ihr zusammen lernte er viele Freunde der Familie und einen luxuriösen Lebensstil kennen, der ihm bis dahin fremd gewesen war. Er erinnert sich an eine gemeinsame Reise in ein kleines Dorf in der Nähe von Siena, in dem eigentlich alles den Kletts gehörte und so erlesen und üppig war, dass es bis heute seine Einstellung zu Reichtum mitprägt: „Brauch ich alles nicht!", sagt er mit Entschiedenheit. Zwar reist er gern und schätzt dabei – ebenso wie im Stuttgarter Alltagsleben – gewisse Annehmlichkeiten, gutes Essen und ein gepflegtes Ambiente, aber Luxus im eigentlichen Sinn, Statussymbole wie eine Rolex oder einen Ferrari, muss er nicht haben.

Ab und zu legte er in der Anfangszeit der BOA auch höchstpersönlich noch auf. Dann musste er notgedrungen auch die Technik und benötigte Plattenbestände selbst transportieren. Aber mit den Jahren und angesichts ihrer guten DJs konnte er sich immer mehr auf seine Aufgaben in der Geschäftsführung konzentrieren. „Die Tür" und gute Musik gehörten, wie gesagt, besonders dazu.

In der Presse wurde Sloggi 1997 damit zitiert, dass ihr Lupus der beste Discjockey der damaligen Zeit gewesen sei. „Unser Lupus" – mit diesem Pronomen erinnert er sich auch heute noch an den legendären DJ, der eine Nase für den allerbesten Musik-Mix in ihrer Disko hatte.

Bis heute trifft für die BOA zu, was schon damals galt: Es ist oft nicht die gerade aktuelle Musik, die beim Publikum für gute Stimmung sorgt, sondern meist sind es Titel, die schon 20, 30, Jahre alt sind und sich auch in der Schlange als Ohrwurm erwiesen. „Lupus hatte die passende Mischung je nach Publikum und Stimmungslage so gut wie kein Zweiter drauf, und auch sein Auftreten, seine Persönlichkeit passten wunderbar!", betont Sloggi mehrfach.

Einzelne andere Versuche mit sogenannten Top-DJs klappten dagegen nicht. Einmal wollten sie eine Partyreihe mit einem recht bekannten Stuttgarter Radio-DJ starten, der sich selbst damit rühmte, schon in New York aufgelegt zu haben. Zwar verlangte er eine dieser Ankündigung entsprechende extra hohe Gage, erreichte mit seiner Musik in der BOA aber niemanden; die Reihe wurde schnell wieder eingestampft.

Ab 1978 hatten sie ab und zu auch Bands in die BOA verpflichtet. Unvergessen – von heute aus kann das ironisch gesagt werden – bleibt da der Auftritt der Spider

Murphy Gang aus München mit dem „Skandal im Sperrbezirk“: Es saßen gerade mal 10 zahlende Personen im Lokal!

Sie waren da wohl ihrer Zeit voraus. Aber die BOA eignete sich auch nicht für Konzerte! Nach verschiedenen Versuchen ließen sie das mit den Bands wieder sein und konzentrierten sich ganz auf Disco und das, wovon jetzt erzählt werden soll: ihre Motto-Partys!

Schon 1977 hatte sich eine Goldene 20er-Party als Highlight erwiesen, so dass diese Party in den Folgejahren in unterschiedlichen Variationen wiederholt wurde. Eine Motto-Party, die es in sich hatte: Die besten Titel des Jahrzehnts, viele davon Ohrwürmer und von 20-Jährigen genau so geliebt wie von 50-Jährigen, dazu die passenden Jacketts, Kleider und Hüte, einen Abend lang zu tanzen, zu albern und sich im Lebensgefühl der „jungen“ Großeltern zu wähnen – das machte ihnen allen unglaublichen Spaß!

Sloggi war während dieser Partys weder als Baron noch als Geschäftsführer unterwegs, sondern ausgelassen wie alle Gäste mittendrin im Partygewimmel zu finden. Trotz anstehender Kredittilgungsraten und mancher Ärgernisse mit Behörden und Gästen war das genau das Leben, das zu ihm passte!

Auch ihre Horror-Party wurde in jenem ersten BOA-Jahrzehnt zum regelrechten Hit. Sie zog Gäste in Verkleidungen und mit Masken an, die ein bisschen Gruseln erleben und ein Weilchen auch mal unerkannt bleiben wollten. Passende Musik, zu der die Gespenster, Hexen und Teufelinnen gut tanzen konnten, ließ sich auch hier im Übermaß finden.

Heutige Halloween-Partys sind vielleicht ähnlich, aber nicht besser. Und sie werden viel mehr von „Fertigangeboten“ bestimmt, nicht aber von den Ideen der Macher und Akteure selbst.

Für die Motto-Partys zog selbst Sloggi gerne wieder seine Python-Stiefel an. Ab und zu zwängte er sich auch mal wieder in die Schlaghosen aus der Beatkeller-Zeit. Und an vielfarbigen oder glitzernden Jacketts, Westen und fransigem Beiwerk gab es in seinem Fall – als einem der Obernarren der Zigeuner – sowieso keinen Mangel.

Die Schlange gedeiht weiter

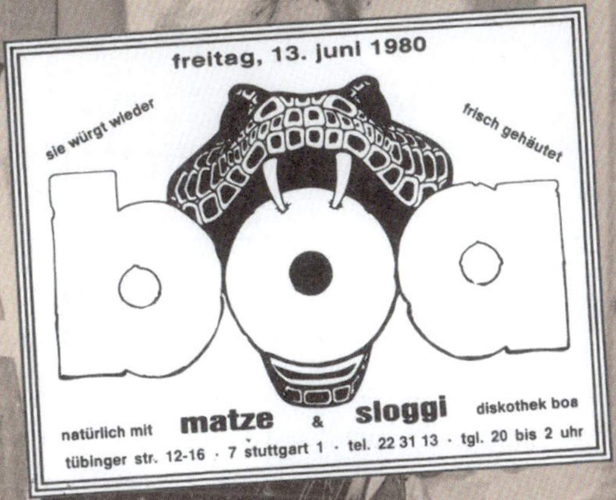

Kopie aus Rom: Glücksbrunnen in der Disco

Am Brunnen in der Disco: **Sloggi Find** (29) und **Matze Klotz** (28, rechts), die Inhaber der neuen **Superdiscothek „Boa" (Tübinger Straße) haben einen Glücksbrunnen. Das Marmording mit zwei Muschelbecken ist 1,70 Meter hoch, oben drauf thront ein Apollo. 25 Liter Wasser sind drin. Die beiden Disco-Chefs: „Unsere Gäste werfen Geld hinein und wünschen sich was."**

Prinz Albert mit Leibwächtern und Blondinen in der Disco

Hoher Besuch in der Disco „Boa" an der Tübinger Straße: Prinz Albert von Monaco (28) gab sich die Ehre – mit zwei traumhaften, gertenschlanken Blondinen. Immer in der Nähe: Zwei Leibwächter in dunklen Nadelstreifen-Anzügen mit ausgebeulten Jakketts ...

8 Mit dem Mikro mittendrin

BOA – das waren inzwischen pro Woche fünf Tage „volles Haus“. Das Interesse und der Zuspruch der Feierlustigen waren so gewaltig, dass eine Schlagzeile der Stuttgarter Zeitung lautete: „Die Schlangen vor der Schlange“, was die abendliche Situation vor dem Einlass beschrieb.

Locations, die in aller Munde sind, müssen aber damit rechnen, dass alle möglichen Typen aus den unterschiedlichsten Kreisen versuchen, ihren Fuß in die Tür zu kriegen und mit Gleichgesinnten das Terrain zu erobern. Aber: Sage mir, welches Publikum sich bei dir einfindet, dann sage ich dir, wohin dein Laden sich bewegt!

Um so entscheidender war und blieb „die Tür“. In der Presse hieß es, dass am BOA-Eingang streng selektiert würde. Streng? „Konsequent und mit Augenmaß...“, sagt Sloggi von heute aus. Er oder „King“ Armbruster versuchten, zusammen mit noch ein, zwei Männern vom Personal, mit Menschenkenntnis und Erfahrung zu steuern, wer in die BOA hineingelangte. Es ging darum, die Leute draußen zu lassen, die nach Drogenkonsum, Belästigungen und Schlägereien aussahen, damit drinnen möglichst störungsfrei gefeiert werden und alle Gäste sich wohl fühlen konnten.

Draußen dagegen entwickelten sich da natürlich manchmal Unmut oder kleine Streitereien. Aber Sloggi und „der andere Werner“, der noch ein Stück kleiner war als er, bemühten sich um frühzeitige Deeskalation und die Vermeidung von Rangeleien.

Nicht verhindern konnten sie mit ihrer Türstrategie allerdings, dass es hie und da einzelne Stimmen gab, die die Meinung verbreiteten, in der BOA ginge es elitär zu und man wolle dort nur Besserverdiener und Bürgersöhnchen haben.

Mit Anzug und Krawatte musste bei ihnen keiner erscheinen. Eine gute Jeans und ein sauberes Hemd sollten es aber sein, wenn man hineinwollte. Und in Turnschuhen ließen sie auch niemanden passieren. Trotzdem war es natürlich so, dass an ihrer Bar oder in den Nischen öfter mal Leute hockten, die zu viel tranken, herumschrieen oder sich schlecht benahmen. Und insbesondere ein paar Studenten, Immobilienfritzen und ältere Schüler versuchten immer mal wieder, ihren besonderen und nicht erwünschten Vergnügungen auch in der BOA nachzugehen. Sowie Sloggi bemerkte, dass solche Typen hemmungslos wurden oder verdächtig die Nasen hochzogen, überwand er die ihm angeborene Gutmütigkeit und sein großes Harmoniebedürfnis schnell und machte klare Ansagen: Ruhe – oder raus!

Die fünf Wochentage, an denen die BOA jetzt geöffnet hatte, entwickelten ihren ganz eigenen Charakter. Wenn Lupus auflegte, war das immer ein ganz besonderer Anziehungsfaktor.

Der Montag blieb ausgesprochen beliebt, zum einen, weil da die meisten anderen Stuttgarter Vergnügungsstätten geschlossen hatten, zum zweiten, weil er das Hineinfeiern in die Woche ermöglichte. Am Freitag wurde ins Wochenende getanzt, und am Samstag war Feiern ohne Ende angesagt. Fast jedenfalls: Die Sperrstunde war inzwischen zwar in den frühen Sonntagmorgen vorgerückt, aber sie blieb behördlich vorgegeben und wurde kontrolliert.

Immer häufiger kam es nun auch vor, dass sie angefragt wurden, bei einer Veranstaltung außerhalb ihrer Disco für Stimmung zu sorgen. Sloggi nahm solche Engagements anderswo gern hin und wieder an. Man lernte neue Leute kennen, konnte Kontakte knüpfen oder etwas Neues ausprobieren. Seine Kraft schien in dieser Zeit grenzenlos und das Glück auf seiner Seite.

Im gleichen Jahr wie die BOA hatte in einer alten Lagerhalle in Bernhausen, mitten im Industriegebiet, das UFO eröffnet. Es war mit rund 1.000 qm Fläche viel größer als die BOA und wies folglich auch einen ganz anderen Charakter auf. Ihm war die besondere Szene im UFO bestens vertraut und er hatte „Matze", Mathias Weinmann, kennen gelernt, mit dem sich eine Freundschaft entwickelte und 1980 auch eine Geschäftspartnerschaft entstand. Sie währte bis 1988!

An freien Abenden legte Sloggi vor allem Donnerstag zur großen Tombola auf und öfter auch sonntags. In der gemeinsamen Geschäftsleitung für das UFO verbrachten sie viel Zeit miteinander und kreierten zusammen die tollsten Party-Ideen. Auch heute sehen sie sich noch ab und zu.

Nun noch einmal zurück ins Jahr 1980, in dem ihre Pläne gereift waren, das UFO so umzubauen, dass es noch bessere Voraussetzungen für große Feiern böte.

Denn von den Ausmaßen her konnte man in diesen Räumlichkeiten 800 oder gar 1000 Leute tanzen lassen! Nur fehlte es dafür noch an der passenden Ausstattung und Gestaltung.

Ein Kraftakt, dieser Umbau. Aber sie waren voller Power und jeder von ihnen hatte so vielfältige Kontakte und Erfahrungen einzubringen, dass das ambitionierte Projekt bestens gedieh.

Das UFO war dabei nicht die einzige Lokalität, in der sich Sloggi parallel zur BOA engagierte und die seine Zeit und Energien forderten.1980 schon hatte er zusammen mit „King", dessen Bruder und Kurt Feger das Nachtlokal „Happy Night" umgebaut und als Diskothek „OZ" wiedereröffnet, die auch etwas ganz Besonderes für Stuttgart werden sollte. Dort lernte er auch Matthias Klotz (den anderen „Matze") kennen, der kurze Zeit später sein Partner in der BOA wurde.

Gastronom, Partymacher und Partner sein in ganz unterschiedliche Discos in verschiedenen Orten – es war typisch für diese Jahre, und für Leute wie sie.

„Verrückt, so viel auf einmal! Zu viel! Wie will man das unter Kontrolle behalten können. Und es muss ja auch alles finanziert werden!", werden manche Leser angesichts der vielen Locations und Projekte denken, die Sloggi und seine Partner vor 40 Jahren am Laufen hatten.

„Ein bisschen verrückt" trifft sicher zu – aber voller Adrenalin und von Gründungsfieber befallen, was solcherart Amüsierbetriebe betraf, waren nicht nur sie!

Die Zeit Anfang der achtziger Jahre hatte es auf von heute aus kaum vorstellbare Weise vermocht, Massen von Menschen abends aus ihren Wohnungen zu locken und für die vielen entstandenen Diskotheken zu begeistern, in denen man nette Leute treffen, ausgelassen tanzen und bis zum Morgen feiern konnte.

Auch die Wiedereröffnung des UFO 1982 erwies sich als großer Erfolg.

„Haben Sie sich selbst bzw. der BOA damit nicht Konkurrenz gemacht?“, frage ich Werner Find. Er wundert sich vielleicht ein bisschen über diese Frage einer No-Insiderin. „Gar nicht! Die Boa war was anderes – kleiner, überschaubarer, gemütlicher, wenn man da vergleicht. Das UFO dagegen war Masse, Großparty, Tempo und Anonymität.“

Für das ständige Interesse an den Angeboten des UFO sorgten in den nächsten Jahren Motto-Partys und manchmal etwas „schräge“ Action-Ideen, die Sloggi und Matze zusammen kreiert hatten – beispielsweise eine „bayerische“ Party, zu der das Wettsägen eines Baumstamms mit einer Kreissäge gehörte. Auch Fußballturniere mit der FC UFO-Mannschaft, eine Travestie-Revue mit Madame Gigi, ein Karneval Rio Brasil oder eine Air-Port-Party sorgten für Abwechslung und gute Stimmung. Das begeisterungsfähige Team des UFO trug viel dazu bei, dass die Partys und Tanznächte im UFO so beliebt waren.

Ein junger Kellner, der sich sehr für die Musik interessierte, lernte an Sloggis Seite viel vom Auflegen. Heute ist er der bekannte DJ Uwe Hacker.

BOA, UFO, OZ und CACTUS waren ein paar Jahre lang wie ein Netzwerk – die Feiernden konnten „wandern", trafen einander wieder und erlebten auch die ihnen bekannten Geschäftsführer mal hier, mal dort. Genauso war es mit den DJs, die mal hier, mal dort auflegten und überall ihre Fans fanden.

In der BOA war in jenen Jahren öfter ein gewisser „Bär" Läsker als DJ aktiv, der damals noch einen Schallplattenladen in der Immenhofer Straße führte. Er schlug Sloggi eines Tages vor, dass sie doch zusammen ein Tonstudio aufbauen könnten – ihrer beider Ideen und Kontakte wären da bestens geeignet.

„Ich konnte mich mit seinen Vorstellungen leider nicht so ganz anfreunden ...", sagt Sloggi heute. „Bereuen Sie's?", frage ich nach. Werner Find hebt nachdenklich die Schultern, hat aber keine Antwort für mich. Denn weiß man, was draus geworden wäre? Man weiß nur, dass der „Bär" heute der Manager der „Fantastischen Vier" ist – d e r deutschen Rap-Gruppe par excellence.

Als Team rund um BOA und UFO blieben sie auch später immer in Verbindung mit den „Fantastischen". Die Band hatte im UFO auch einen ihrer ersten Auftritte gehabt, bevor sie mit „Die Da!?!" 1989 in Deutschland gleichsam durch die Decke gingen.

Im UFO traten auch andere bekannte Künstler und Gruppen auf, so Kurtis Blow, Georg McCrae, Peter Schilling und weitere „Deutsche Welle"-Interpreten.

Wer oft am Mischpult in den großen Discos auflegt, zieht Aufmerksamkeit auf sich, lernt seinerseits viele und sehr unterschiedliche Gäste und natürlich auch Frauen kennen, die ebenfalls mal hier, mal dort auftauchten und einem zulächelten.

Mit einer von ihnen wurde aus normalen Flirten irgendwann Liebe. Sloggi zog dann für vier Jahre zu ihr – zu Sabine nach Remseck. Sie war anfangs bei den meisten seiner Unternehmungen dabei. Eine schöne Erfahrung, wenn die Partnerin die eigene Begeisterung für die Musik- und Partyszene teilt!

In der gemeinsamen Wohnung lernte er auch ihren Siamkater Timmy kennen – eine Geschichte für sich:

Trotz seiner Kindheitserlebnisse mit Lady war Werner zu diesem Zeitpunkt fest überzeugt gewesen, dass Haustiere ihn nur stören würden. In sein umtriebiges, unruhiges Leben passte die Verantwortung für einen Hund oder eine Katze nun mal nicht hinein, er verspürte zudem keinerlei Bedürfnis nach einem Haustier. „Eine Katze wäre für mich ein Scheidungsgrund!“, hatte er Freunden gegenüber früher mit größter Überzeugung erklärt.

Mit Timmy aber schloss er nun notgedrungen Freundschaft und konnte dem Schnurren und Schmusen auch bald etwas abgewinnen, mit denen sich der Kater gleich nach Betreten der Wohnung bemerkbar machte.

Doch Zeit ging ins Land ... und er und Sabine fanden in ihren vier Jahren dann immer weniger Zeit für ihre Beziehung, da Sloggi permanent in gleich drei Discos unterwegs war. Er wollte nicht nur, er musste auch möglichst überall präsent sein, damit ihre Discos weiterhin viele Gäste anzogen und wirtschaftlich noch besser gediehen.

Das OZ aber erwies sich bald schon als viel zu arbeitsintensiv. So gab Sloggi seine Anteile nach einem Jahr wieder ab. Er musste sich nun schnell und viel stärker als in den letzten Monaten auf die BOA konzentrieren, wenn sie nicht Schiffbruch erleiden sollte!

Was war passiert?

Sloggis Geschäftspartner Jürgen Schumm, der von Beginn der BOA an dabei war, hatte sich mit der Zeit immer mehr zum Ibiza-Freak entwickelt und war schließlich mehr auf der Insel als in Stuttgart zu finden. Auf Ibiza aber hatte er Umgang mit vermeintlichen Freunden, die ihm nicht gut taten.

Wenn er zurück in die BOA kam, kümmerte er sich immer seltener um die Buchhaltung, sondern war, zumindest gedanklich, mit seinen Geschäften auf Ibiza beschäftigt. Zwei Jahre lang war alles gut gegangen, aber dann erklärte Jürgen, dass er aussteigen und seine Anteile an einen Kumpel verkaufen wollte. Diesen brachte er dann auch mit – Wolfgang Wickenhäuser.

Jürgen übersiedelte irgendwann endgültig nach Ibiza, wurde dort eine Art Guru und verstarb wenige Jahre später.

Werner Armbruster war schon 1980 aus der BOA ausgeschieden und Teilhaber der Diskothek OZ geworden. Nachdem er auch dort 1982 ausgestiegen war, kam er mit seinem Leben nicht mehr klar. Er beendete es wenige Jahre später selbst.

Nur auf den ersten Blick hört es sich ausschließlich spannend, wunderbar frei und selbstbestimmt an, Discobetreiber und Partymacher zu sein. Aber alles hat seinen Preis. Wenn man ihn zu zahlen bereit ist, können tolle Erfahrungen und Erlebnisse bevorstehen, aber man sollte besser auch mit großen Einschränkungen im Privatleben, den Risiken der Gastronomie, mit der eigenen Verführbarkeit durch immer größere Bekanntheit und vielleicht auch mit dem Auftauchen falscher Freunde und Verlockungen rechnen ...

Erst nachdem Matthias Klotz Sloggis Partner geworden war, kam wieder Ruhe in das Lokal. Der „Neue", der ein paar Semester Jura studiert hatte und viele Erfahrungen aus der Beteiligung an anderen Discos besaß, brachte neue Ideen und viel Power mit. Zudem hatte er viele Kontakte, war belastbar und – im Gegensatz zu Jürgen – immer anwesend und geschäftlich ehrgeizig.

Und trotzdem: Wenn Sloggi von heute aus zurückschaut, war es trotz der gedeihlichen Weiterentwicklung der BOA schon ein heftiger Bruch, dass zwei von den „Gründervätern" so schnell andere Wege gingen. Für ihn, den Übriggebliebenen, bedeutete dies umso mehr, dass er möglichst regelmäßig Präsenz zeigen, Gäste begrüßen, für Stimmung sorgen musste. Gewissermaßen stand er jetzt allein für die personelle Kontinuität in der BOA, kümmerte sich um ihr Stammpublikum und musste vor allem dafür sorgen, dass die Schlange ihren guten Ruf als Partyadresse behielt.

Mit Matthias Klotz veränderte sich bald schon das Innere ihrer BOA, gleich in mehreren Schritten: Nach einem Umbau zu Beginn der achtziger Jahre wurde ein marmorner, 1,70 Meter hoher Glücksbrunnen mit zwei Muschel-Becken zum Blickfang ihres Lokals und bei der Renovierungsparty eingeweiht: Oben saß Apollo und sah wohlwollend zu, wenn die Gäste Geld ins Wasser warfen und sich dabei etwas wünschten.

Aber da ihr kleiner Fontana di Trevi mitten im Raum stand und viel Platz brauchte, entfernten sie ihn nach weniger als zwei Jahren wieder. Jeder Kubikmeter Raum ihrer Disko wurde für Tanz und Verkauf dringend benötigt!

Ein besonders heftiger, nachhaltiger Eingriff aber war es, als etwa Mitte der achtziger Jahre die blauen Taue von den Decken entfernt wurden. Klotz hatte für den Alltagsbetrieb einen Geschäftsführer eingesetzt. Dieser nun ließ während einer längeren Abwesenheitszeit Sloggis eine baulich-gestalterische „Auffrischung" vornehmen, wie er sie für nötig hielt. Nicht nur die blauen Taue hätten sich überlebt, auch Möblierung und Gestaltung und für kurze Zeit sogar der Name wurden seinem Geschmack entsprechend „aufgefrischt".

Die meisten Gäste bedauerten das und sprachen ihren Unmut über die Veränderungen laut aus. Einige blieben der BOA deshalb sogar fern.

„Das mit dem Namen ließ sich später wieder gut machen, da wurde es wieder die BOA. Alles andere aber, besonders die blauen Taue, war leider verloren", erzählt Werner Find. „Renovierungen kosten manchmal ein Stück von der Seele so eines Lokals", ergänzt er noch und bleibt nachdenklich. Vielleicht hätte er ja damals schon erkennen müssen, dass er noch viel konsequenter auf alles hätte verzichten sollen, was parallel zur BOA lief, besonders auf die Beteiligung an anderen Discos.

„Man muss sich achtsam um seine eigentliche Burg kümmern, darf sie nicht Partnern und eingesetzten Geschäftsführern überlassen!", sagt er abschließend.

Auch Schlangen reagieren offensichtlich darauf, wenn einer zu selten daheim ist.Da sind sie vielleicht ähnlich empfindlich wie Haustiere ...

Auch privat standen für Sloggi in jener Zeit einschneidende Veränderungen bevor. Er hatte plötzlich mit Atemnot und Hautirritationen zu kämpfen und erfuhr von seinem Hausarzt, dass es allergische Reaktionen auf Katzenhaare seien. „Haben Sie eine Katze?" Sloggi erzählte von Timmy. Der Arzt riet ihm, sich um jeden Preis von dem Kater zu trennen.

1984 trennte sich Sloggi. Er tat es nicht nur von der Katze, sondern gleich auch von Sabine: Ihre Beziehung war immer weiter abgeflacht, er war viel zu viel unterwegs, vor allem im CACTUS in Leonberg, und nicht für sie da.

Leere ergab sich in seinem Leben daraus aber keinesfalls, im Gegenteil, manches wurde leichter und konfliktfreier, denn er war nun mal einer, der viel Freiheit brauchte und dazu neigte, mit seiner Zeit und Kraft auch mal unvernünftig umzugehen.

Für ihn hatte sich längst erwiesen, dass Partymacher genau der richtige Beruf, dass es seine Berufung war!

Nur in der Buchhaltung nutzten ihm ab und zu seine früheren Erfahrungen als Grundstücks- und Wohnungswirt. „Aber das wäre nie mein Ding gewesen!“, sagt er 50 Jahre später mit kleinem Schauder in der Stimme. Noch während seiner Ausbildung hatte er sich auch mal bei der KSK Ludwigsburg beworben. „Zum Glück ist das nichts geworden. Verkäufer sein – ja, o. k., das geht gerade noch. Aber sowas Steifes wie Bankberater sein oder ein Job am PC – keinesfalls!“

Sein Leben als Partymacher Mitte der achtziger Jahre war alles andere als steif, es ging munter weiter wie bisher.

Inzwischen fanden in der BOA jährlich die Players-Nights vom Tennisturnier am Weißenhof statt, und viele Tennisgrößen waren zu Gast: Sportstars wie Boris Becker, Björn Borg, Guilermo Vilas, Ilie Nastase, Ivan Lendl, Henri Leconte und viele andere gehörten zu ihren Gästen. Wenn Sloggi heute von ihnen spricht, sind noch immer Stolz und Freude in seiner Stimme zu vernehmen. Nicht nur, weil so bekannte Leute zu ihnen kamen, sondern vor allem, weil viele von ihnen Spannendes zu erzählen hatten. (Inspirierende Menschen und anregende Gespräche – das nämlich vermisst er heute!)

Dass so viele Prominente in die BOA fanden, ergab oft Schlagzeilen in den Stuttgarter Zeitungen und der „Bild“. Als Geschäftsführer waren sie sich aber einig, dass Gäste bei ihnen einen geschützten Raum ohne Presse vorfinden sollten, wenn sie Wert darauf legten.

Sie konnten als Hausherren sogar veranlassen, dass foto- und schlagzeilengierige Journalisten gar nicht erst Zutritt erhielten. Manchmal machten sie davon Gebrauch. Besonders den VfB-Fußballern, die seit Mitte der Achtziger montags nach dem Training zum Abspannen in die BOA kamen, war es sehr wichtig, dass keine Fotos von ihnen gemacht wurden. Mit ihnen gab es deshalb Absprachen, wie sie über den Hintereingang ins Innere des Lokals gelangten.

Eine besondere Schlagzeile in der Presse war es, als Boris Becker als 16-Jähriger einmal „im Trainingsanzügle und in Turnschuhen“ direkt von der Waldau zu ihnen kam. Sein Outfit widersprach eigentlich ihren Einlassregeln, aber nach gutem Zureden von Damir Keretic, einer damaligen Tennislegende von der Waldau, drückten sie in diesem Fall ein Auge zu.

Zwei Jahre später, da war Becker schon Wimbledonsieger, besuchte er sie erneut – doch diesmal deutlich schicker gekleidet.

Im August 1986 berichtete die Bild-Zeitung gleich mehrfach, dass Prinz Albert von Monaco mit Leibwächtern in der BOA eingekehrt sei und dass dort bis morgens die Sektkorken geknallt hätten.

Ein paar Tage später lautete die Schlagzeile, dass die Tennisstars von der Waldau ihren Sieg in der BOA gefeiert hatten.

Keine Woche ohne besondere Gäste, und jede Party mit irgendwelchen Überraschungen.

Sloggi immer mit dabei, immer präsent, oft bis in die frühen Morgenstunden. Der nächste Tag aber war in seinem Fall oft nicht zum Ausspannen da, da gab es andere Partys.

POINT

Sloggi hoch zu Ross

Live im Point

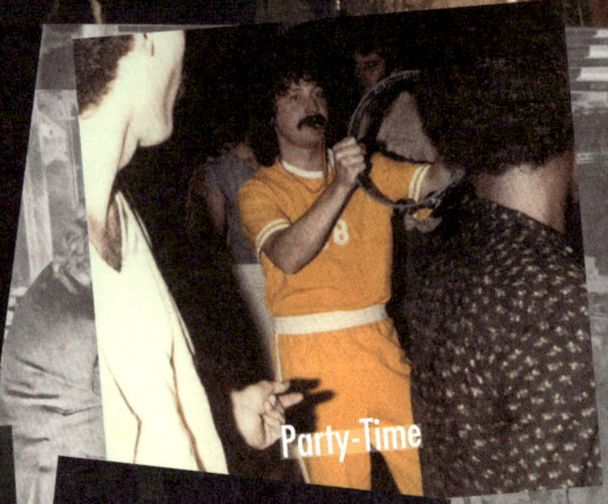

Party-Time

Anmoderation mal im Bett ....

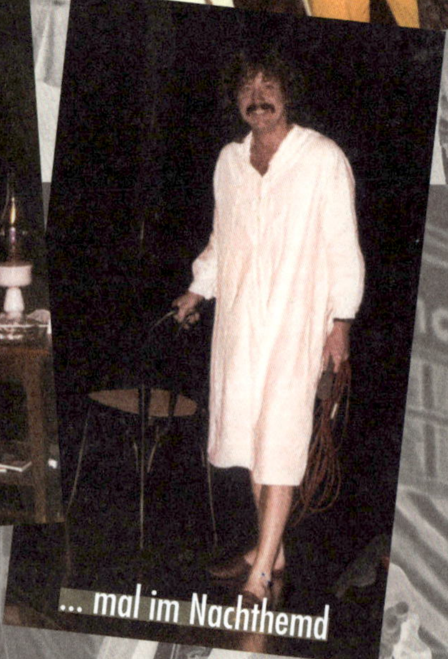

... mal im Nachthemd

UFO

FILDER-ZEITUNG

Unabhängige Tageszeitung für Stuttgart und das gesamte Fildergebiet

Amtliches Bekanntmachungsorgan der Landkreise Esslingen und Böblingen

Dienstag 23. Juni 1987

SONDERAUSGABE

10 JAHRE UFO

Diskothek Filderstadt-Bernhausen

„Dienstag 23. Juni 1987" – ein Datum, das in die Disco-Geschichte eingeht. 10 Jahre UFO – 10 Jahre lang Unterhaltung in Topform. Die erfreulichste Begegnung der unterhaltsamen Art. „Sloggi und Matze" verstehen es immer wieder, ihr Publikum mit creativen und originellen Ideen zu begeistern. Weiter so!

1978

1984

Partner Matze Weinmann

Ein UFO unter Wasser. Feucht-fröhliche Stimmung in 17.000 Liter Wasser. Die erste **„Beach-Party"** in einer Disco.

Die typische Handbewegung des **Dr. alk. delirias Schorle.** (Welches Schwenderl hätten Sie gern?)

Disco im Test

Das Ufo: Eine Lagerhalle wird gemütlich

Mitten im Industriegebiet Bernhausen ist der Treffpunkt für junge Leute – das „Ufo". Die Diskothek im dritten Stock der Echterdinger Straße 115 war früher eine große Lagerhalle. Vor 1½ Jahren wurde sie von den Disco-Chefs Sloggi (32) und Matze (23) umgebaut. Jetzt ist's darin richtig gemütlich.

Im Wintergarten gibt's weiße Tische und Stühle, in einer ruhigen Ecke die Bierbar. Die große Theke ist gleich neben der Tanzfläche.

Ein Käfer zum 7-jährigen Jubiläum. Er läuft und läuft und läuft…

Der **„FC UFO"** läßt den VFB vergessen.

Disco-Chef Sloggi legt zur Zeit die Platten selbst auf. Den Gästen gefällt's – vor allem seine lustigen Sprüche zwischendurch

Wer reitet so spät durch Nacht und Wind – der Nikolaus, ein Esel und sein…!

Künstler-Gala '83

Sonntag, den 8. Mai 1983, 20.00 Uhr

„Airport-Party." Treffpunkt in sicherer Höhe.

UFO Bernhausen

Madame Gigi

Dienstag, den 15. November 1983, ab 20.00 Uhr.
Die Travestie-Revue der Extraklasse.

Keine Feier ohne Torte! Hier schneidet der Chef persönlich (gut ab).

UFO

- RELAX -

(Weil i di mog)

UFO, Bernhausen

„Rio Brasil" – die UFO-Fete. Ein Hauch von Copacabana in Bernhausen. Konsul Weyer läßt schön grüßen.

9. Und immer wieder: „Fünfte Jahreszeit"

Karneval und Zigeunerinsel – für Sloggi bedeuteten sie jahrzehntelang, dass er hier mit seinen Ideen und seiner unerschütterlichen Freude an Sketchen und „Rollenspielen" genau richtig war. Dafür musste man möglichst üppig mit komödiantischer Begabung ausgestattet sein, um in ganz unterschiedlichen Situationen verlässlich mit witzigen Einfällen aufwarten zu können. Am besten gelang das, wenn man das von Kindheit an trainiert hatte – so wie Sloggi in seiner „Laufbahn" als Clown.

Zugleich aber musste man sich die Fähigkeiten zum Ulken und den Spaß an komödiantischen Einfällen aber auch zu bewahren wissen – bis ins fortgeschrittene Erwachsenenalter von 40, 50, 60 Jahren hinein. Sonst nämlich passierte, was bei Fasnetveranstaltungen hie und da immer mal wieder zu beobachten ist: da steht manch einer auf der Bühne, der früher ganze Säle mit Lachsalven gefüllt hatte. Nun aber war er eher ein „Narr der traurigen Gestalt", und der Auftritt wurde von den meisten im Saal als peinlich empfunden.

Sloggi, der sich dieser Gefahr durchaus bewusst war und der sich selbst ebenso wie Alterskollegen deshalb kritisch beobachtete, wurde nur hinsichtlich seines Haupthaares deutlich grauer. Seine Auftritte aber blieben auch mit 40, 50 und 60 Jahren fast ausnahmslos überraschend und lebendig, markierten sie doch oft die großartigsten Momente, die wahren Sternstunden seines Lebens.

Wenn er davon erzählt, blitzen seine Augen bis heute, und er streicht fast zärtlich über die Fotos hinweg, die von solchen Auftritten künden.

Wer ihn live erlebt hat, wie er bei Motto-Partys oder als Moderator beim Karneval in eine Rolle schlüpft, auf einem Pferd auf die Bühne reitet oder aus einem Bett heraus und im Nachthemd eine Show abzieht, wird kaum glauben, dass er in Gesprächen eher zurückhaltend wirkt. „Und wenn man mit ihm bei Verwandten oder Freunden sitzt, kriegt er manchmal kaum den Mund auf", erzählt Elli.

So ist er eben. Das Mischwesen Werner Franz „Sloggi" Find.

Auch seine Rolle als Geschäftsführer und Arbeitgeber für manchmal bis zu 20 Beschäftigte bzw. Angestellte, die er parallel zum närrischen Treiben vor allem ausfüllen musste, scheint nicht zu „einem Auftritt im Nachthemd" zu passen. Sie passte aber doch, alles zu seiner Zeit!

Mit seiner eigenen Zeit aber musste er immer entschiedener umgehen, um sämtlichen seiner Rollen und Aufgaben zu genügen.

Nach dem Ende der Beziehung zu Sabine war Sloggi nach Leonberg gezogen, wo der von ihm geführte CACTUS häufige Präsenz erforderte.

Aber in Stuttgart waren die BOA, die meisten Freunde, Geschäftspartner und die Narrenkollegen der Zigeunerinsel. Da erwies es sich nach einigen Monaten dann doch als „geschickter", wieder mittendrin zu wohnen. Großstadt eben – das war sein Revier. Mit rd. 15

Umzügen innerhalb Stuttgarts bzw. innerhalb der engeren Region liegt Find deutlich über dem Durchschnitt von Umzügen, die ein Deutscher in seinem Leben üblicherweise erlebt, nämlich sieben.

Er zog also zurück nach Stuttgart, diesmal in den Osten der Stadt, in die Farrenstraße, wo damals auch eine gewisse Angelika wohnte. Gesehen hatte er sie schon einmal, als sie in einer Rosenmontagsgarde aufgetreten war. Da war sie ihm besonders aufgefallen – und nun liefen sie sich quasi als Nachbarn über den Weg. Das Schicksal nahm seinen Lauf: Sie wurden ein Paar, fanden eine große zweigeschossige Wohnung in der Fuchswaldstraße und heirateten am 22. Juli 1986. Ihre Tochter Jennifer kam am 3. Februar 1987 im Marienhospital in Stuttgart auf die Welt. Sloggi war zum ersten (und einzigen!) Mal bei einer Geburt dabei. Ein halbes Jahr später konnten sie, ebenfalls in der Fuchswaldstraße, ein Einfamilienhaus mit Garten und tollem Weinkeller erwerben, in dem die Familie viel Platz hatte.

Nachdem er schon als Baron in die Gepflogenheiten eines Karnevalsvereins hineingeschnuppert und immer mehr Spaß an den Aktivitäten der Zigeunerinsel entwickelt hatte, war er nach den Erfahrungen als Gardechef, Veranstaltungsleiter und Vizepräsident langsam an die Aufgaben eines Präsidenten herangeführt worden. 1991 wurde er es dann: Präsident der Gesellschaft Zigeunerinsel.

Diese Gesellschaft darf nicht nur als Karnevalsverein gesehen werden, denn mit über 650 Mitgliedern ist sie der größte Bürgerverein im Stuttgarter Westen und agiert auch als solcher. Da Präsident zu sein, bedeutet ganzjährigen Einsatz und ist eigentlich ein Fulltime-Job! Wer da nicht selbständig und entscheidungsfreudig handelt oder nicht mit der raren Zeit umzugehen wüßte, würde von den Aufgaben schnell aufgefressen werden und käme zu nichts anderem mehr:

Einmal in der Woche findet eine Gemeinderats- (bzw. während der Kampagne die Elferrats-)Sitzung statt, während der sämtliche Veranstaltungen, die aktiven Gruppen, die Termine und Programme besprochen werden. „Da ging es wahrlich nicht immer lustig und närrisch zu, sondern oft genug waren auch Konflikte, Eifersüchteleien und bürokratische Ärgernisse an der Tagesordnung", erzählt Sloggi. Wie in jedem anderen Unternehmen halt auch, in dem unterschiedliche Akteure unterwegs sind, sich durchzusetzen oder zu verwirklichen suchen, möchte man ergänzen.

Bei der Hochzeit mit Angelika waren auch Sloggis Eltern unter den Gästen, die er sonst eher selten traf. Sie kamen nun auch ab und zu, um die kleine Enkelin zu sehen, oder Sloggi fuhr mit Angelika und der Kleinen nach Großsachsenheim. Die Welt dort kam ihm vor wie stehen geblieben, obwohl sich die Stadt durch viele Baumaßnahmen stark verändert hatte.

Auch Angelikas Eltern waren oft präsent, um hin und wieder für die kleine Enkelin da zu sein, denn Angelika und Sloggi arbeiteten beide in der BOA und übernahmen abwechselnd, quasi versetzt, das Babysitten.

Nach dem Ausklang der Karnevalssaison 1988 fuhr er zusammen mit Angelika und Jennifer in den Winterurlaub nach Saalbach-Hinterglemm in Österreich. Dort hatten sie beim Frühstücken im Hotel regelmäßig ein anderes Paar wahrgenommen, das etwa zur gleichen Zeit wie sie im Frühstücksrestaurant auftauchte. Aber wie es in solch besseren Hotels gemeinhin üblich war, blieb jeder, auf Abstand bedacht, am eigenen Tisch sitzen, genoss seinen wohlverdienten Urlaub und verhielt sich den anderen Gästen gegenüber gebührend diskret.

So war und blieb es bis zum vorletzten Tag. Da aber wurde Sloggi zufällig Zeuge, worüber am Tisch des anderen Paares gesprochen wurde – nämlich über den Kölner Karneval. Das war ja genau sein Thema! Immerzu war er begierig, neue Kontakte und Ideen für die fünfte Jahreszeit aufzunehmen. Er hatte als Mitglied der Zigeunerinsel ja quasi die Verpflichtung dazu, dass sich die Dinge bei ihnen stetig weiter entwickelten.

Das Gespräch am Nachbartisch wurde immer angeregter und lauter. Da hielt ihn nichts mehr, schließlich ging er hinüber zu den beiden.

In der vom ersten Moment an angeregten Unterhaltung stellte sich schnell heraus, dass „Friedel“ und seine Freundin Susanne zwei absolute Größen im Kölner Karneval waren. Friedel trainierte verschiedene Kölner Garden, und Susanne war das Tanzmariechen der „Wupperveilchen“ aus Leverkusen.

Während Angelika die restlichen Tage Ski fahren ging (Sloggi ja nicht mehr ... seit dem misslichen Erlebnis mit dem Schlepplift als Jugendlicher!), war Sloggi mit Jennifer und ihrem Schlitten unterwegs, dachte aber bereits über die Anregungen und die Begeisterung nach, die ihm die Begegnung mit Friedel eingebracht hatte.

In der darauffolgenden Saison besuchte Werner Find die neuen Freunde in Köln. Denn tatsächlich war eine Freundschaft entstanden, die sich in den nächsten Jahren verfestigte und bis heute gehalten hat. Sie trafen sich in größeren Abständen, aber recht regelmäßig – mal in Köln, mal in Stuttgart.

In ihren Gesprächen ging es natürlich viel um Karneval. Die Begeisterung und Professionalität Friedels waren regelrecht ansteckend für Sloggi, dem der rheinische Karneval sowieso mehr lag als der alemannische. Aber auch auf persönlicher Ebene entwickelte sich eine vertraute, wohltuende Beziehung.

Friedel ist noch heute Choreograf und Tanztrainer von verschiedenen Kölner Tanzgarden; seine erfolgreichste Garde sind die „Kölner Rheinveilchen“, eine absolute Spitzentruppe. Susanne arbeitet bei einer Kölner Bank und ist Finanzchefin der Rheinveilchen.

Eine gesunde kleine Tochter, ein schönes Haus, die gemeinsame „Arbeitsstelle“ BOA und geteilte Faschingsbegeisterung – im Falle von Werner und Angelika Find hörte sich anfangs alles nach idealen Rahmenbedingungen eines Lebens als junge Familie an. Und trotzdem waren sie nicht glücklich miteinander: Er war zu viel unterwegs, Haus und Garten brachten immer mehr Arbeit mit sich, und auch ihrer beider Vorstellungen von Erziehung und Alltagsleben unterschieden sich gewaltig.

So trennten sie sich nach zwei Jahren wieder und Sloggi zog 1990 in die Otto-Reiniger-Straße am Killesberg.

Wer so oft umzieht – hat der denn so viele gute Kumpels, die immer bei den Möbeltransporten helfen? Oder ist das einer, dessen Besitz inzwischen in einem großen Koffer komprimiert ist? Weder noch. Auch seine Kumpel waren inzwischen meist schon in den 40ern, waren Familienväter oder so stark in die Party- und Faschingsszene involviert, dass sie nicht einfach mal zum Schränketragen vorbei kommen konnten. Mit Sloggis vielen Umzügen und den immer wieder neuen Adressen in Stuttgart und der Region war außerdem verbunden, dass sich Freundschaften in Nachbarschaft und näherem Umfeld nicht so sorgsam pflegen ließen, wie dies bei Menschen der Fall ist, die ihr Leben lang in ein- und demselben Stadtgebiet wohnen bleiben.

Auch der Auszug aus dem Haus in der Fuchswaldstraße, in dem Angelika und Jennifer wohnen blieben, wurde wie seine bisherigen Umzüge wieder ein Kraftakt, der viel Zeit kostete. Zu den Umzugsgütern, die auch diesmal wieder mit auf die Reise gingen, gehörten seine umfangreiche Platten- und Büchersammlung und ausgewählte Möbelstücke, so seine Lieblingscouch, die ihn seit langem in jede neue Wohnung begleitete. Das meiste, was den Hausstand ihrer Ehe ausgemacht hatte, blieb im Haus zurück. Er wollte ja auch so oft wie möglich kommen, um sich weiter mit um die kleine Tochter zu kümmern. Das jedenfalls war der Vorsatz.

„Leider haben sich die Dinge dann doch anders entwickelt ... Ich war viel zu selten für Jennifer da“, sagt Sloggi heute. Über die Gründe mag er nicht sprechen. Aber natürlich – seine Aktivitäten und seine Verpflichtungen in Diskotheken und in der Gesellschaft Zigeunerinsel drängten sich immerzu in den Vordergrund.

Die Scheidung ihrer Ehe erfolgte dann im Dezember 1993. „Einvernehmlich“, kommentiert Sloggi diesen Einschnitt in seiner ganz persönlichen Biographie.

Er bekennt an dieser Stelle erneut selbstkritisch, dass er wohl kein Familienmensch ist. Es hat zweifellos mit seiner eigenen Kindheit, der Atmosphäre und den Abläufen im Findschen Elternhaus zu tun, aber natürlich auch mit seiner Leidenschaft und Umtriebigkeit für Partys, Fasching, Events aller Art.

„Es ist, wie es ist ....“, sagt er – und ist froh, dass es nach den Jahren sehr spärlichen Kontakts mit Jennifer in ihrer Kindheit heute in Ansätzen doch zu einer freundlichen Vater-Tochter-Beziehung gekommen ist, vor allem, seitdem Jennifer nicht mehr in München, sondern nun wieder in Stuttgart lebt. Vor acht Jahren ist Sloggi auch Opa geworden. Sein Enkel heißt Luca. „Er ist ein lustiges, aufgewecktes Kind!“, freut sich der Opa und zeigt mir Fotos.

Bis heute ist es für ihn auch dabei geblieben, dass es ansonsten kaum verwandtschaftliche Bindungen gibt, die mit Herzlichkeit und gegenseitigen Besuchen verbunden wären. Nur bei Hochzeiten und Beerdigungen träfe er alle paar Jahre irgend jemanden, dem er in der Kindheit oder Jugend mal vorgestellt worden sei.

Zu seiner Cousine Ilse allerdings hatte er immer losen Kontakt, und gerade in der Gegenwart sei diese Beziehung wieder viel intensiver und wichtiger für ihn geworden.

Zu berichten ist an dieser Stelle auch, dass Sloggi 1990 Gesellschafter einer weiteren Disco geworden war – einer Disco, die Angelika mit ihrer griechischen Freundin Kitsa in Bietigheim eröffnet hatte. Den beiden Frauen hatte ihr Plan, zusammen eine Diskothek zu führen, so viel bedeutet, dass Sloggi und Bodo Drees als ihre Ehemänner sich hatten überreden lassen, nach einem geeigneten Objekt für sie zu suchen. Im ehemaligen „Mirage“ in Bietigheim waren sie fündig geworden und nannten die neue Lokalität, in Anlehnung an eine ehemalige Disco in Stuttgart, „Treibhaus“.

Aber was in Stuttgart funktioniert hatte, passte dann nicht auf Bietigheim. Mit dem Namen „Scheune“ und einem veränderten Konzept, einer Disco mit Livemusik, wurde es besser. So gab es jede Woche ein Konzert, u.a. auch mit den Lokalpatrioten „PUR“ mit Hartmut Engler. Aber als dann endlich alles stimmte, zerstritten sich die beiden Freundinnen so sehr, dass Sloggi und Bodo den Club erst selbst betreiben mussten und ihn schließlich, als ihnen alles zu viel wurde, an einen ehemaligen Mitarbeiter verkauften.

1992 rief ihn eines Tages sein früherer Bekannter Heini Sautter aus Bietigheim an, um ihm eine neue Gruppe für einen Auftritt im CACTUS in Leonberg zu vermitteln. Es würde ihn auch nichts kosten – also sagte

Sloggi zu. Diese Band Trio, damals weitgehend unbekannt, trat dann auch auf, allerdings vor lediglich 15 Leuten. Mehr Neugierige hatten sich nicht herbei locken lassen. Scheinbar schlecht für Sloggi, dass er mit Heini zuvor bereits einen Wiederholungsdeal ausgemacht hatte und die Band zu einem Termin ein halbes Jahr später erneut gebucht war.

Aber was so ein halbes Jahr ausmachen kann! Da nämlich war die Band mit ihrem Hit „Da da da" schon in aller Munde – und das Konzert im CACTUS total ausverkauft.

Seine Eltern besuchte Werner auch in seinem dritten und vierten Lebensjahrzehnt weiterhin regelmäßig. Sie waren älter geworden, wohl auch ein wenig vereinsamt in Großsachsenheim. Sie brauchten ihn. „Aber wirkliche Familienbande habe ich auch da nicht mehr entwickelt. Es fehlte die Wärme, das Interesse aneinander, das Reden. Vielleicht bin ich deshalb eher rational. Und vielleicht bin ich deshalb zwar nie ein Familienmensch, dafür aber ein sehr kontaktfreudiger Typ geworden," sagt Sloggi, der ja schon als Junge die Kontakte nach draußen und eine eigene Szene wie die in seinem Beatkeller gebraucht hatte.

Nachdem der Vater erkrankte und schließlich in ein Pflegeheim nach Bruchsal kam, fuhr Werner zusammen mit der Mutter wöchentlich hin, um ihn zu besuchen.

Und als der Vater 1992 starb, kümmerte er sich weiterhin intensiv um die Mutter, besuchte sie und dachte beständig über eine Lösung nach, mehr für sie da sein zu können, ohne seine Termine und Verpflichtungen im Partybetrieb zu vernachlässigen.

Die „Verpflichtungen“ in der Fasnetsszene – sie waren weiterhin eher Lebenselixier als im eigentlichen Sinn Verpflichtung für ihn.

Wer das Narrentreiben in Köln oder Mainz als Außenstehender verfolgt, aber nie selbst unmittelbar mit der Szene zu tun hatte, empfindet angesichts des Ausnahmezustandes, in den diese Städte in den heißen Vorbereitungswochen und erst recht in den Tagen der Umzüge und Prunksitzungen geraten, vielleicht wenig Verständnis. Der gewaltige Aufwand, die grenzenlose Begeisterung und Euphorie der Feiernden, zugleich aber die Ernsthaftigkeit, mit der die beteiligten Vereine und ihre Gremien die gesamte Saison und jede einzelne Sitzung planen, mag Karnevalsmuffeln sogar völlig abwegig erscheinen: Die Späße, Wagendekorationen und Büttenreden zu derb, die Kostüme und Maskeraden zu teuer, der Alkoholkonsum und der Müll nach den Umzügen unverantwortlich – so hört man es oft (und auch ich denke ein bisschen so ...). Aber wenn man die Historie der Karnevalsumzüge und den Zusammenhalt, den Gemeinschaftssinn in den Vereinen erlebt, relativiert sich das Bild: Es geht bei Weitem nicht nur ums Feiern!

In dieser Fünften Jahreszeit wird gewissermaßen die gesamte normale Gesellschaft „aufgemischt“ und die eher archaischen, kreatürlichen Bedürfnisse der Fasnetbegeisterten stehen plötzlich im Mittelpunkt, beherrschen die Märkte und großen Säle der Städte. Es sind Bedürfnisse, die in den normalen „Jahreszeiten“ weitgehend im Verborgenen bleiben.

Ein karnevalistisches Highlight ist für Sloggi seine Gastrolle beim Kölner Karneval 2016 geworden: Er durfte am Rosenmontag auf dem Umzugswagen der Kölner Rheinveilchen mitfahren und während der ganzen Tour vom Wagen aus hemmungslos Pralinenschachteln, Blumensträuße und Schokoladentafeln werfen. „Während man in Stuttgart bei gleicher Gelegenheit die Bonbons schön einzeln rauswirft!", bemerkt er grinsend. In Köln dagegen sei ein Mann im Inneren des Wagens allein dafür verantwortlich, die Kartons schnell genug aufzureißen, um die Elferräte oben nonstop mit neuen Wurfobjekten zu versorgen. „Wer einmal einen Rosenmontagsumzug in Köln miterlebt hat, wird das nie wieder vergessen!", ist er überzeugt.

Zunehmende Kommerzialisierung des Karnevalgeschehens und unschöne Exzesse kollektiver Enthemmung – diese und andere Vorwürfe treffen trotzdem auf viele Faschingspartys zu, diskutiere ich mit ihm. Aber sind andere Highlights, beispielsweise die über die Medien inszenierten Enthemmungs-, Kauf-, Rausch- und Tabubruch-Formate, denn besser? Karneval ist im Unterschied dazu auf sehr direkte, analoge, sehr ehrliche Begegnungen und auf gemeinsame Aktivitäten Gleichgesinnter gerichtet und traditionell gewachsen – das zählt wohl mehr. Man registriert das auch, wenn man während der Fasnetshochzeit kostümierten Leuten in der Stadtbahn oder auf der Stuttgarter Königsstraße begegnet: Sie sind mit sich beschäftigt und mit ihrer temporären Welt der Insider völlig im Reinen und registrieren die Faschingsmuffel ringsum kaum.

„Dabei ist Stuttgart im Vergleich zu den Hochburgen Mainz, Düsseldorf und vor allem Köln wirklich nur ein kleiner Ableger im Faschingsgeschehen“, schränkt Sloggi ein. Und er ergänzt: „Wer aber einmal wirklich hineingeschmeckt hat in die Szene, der kann dann meist gar nicht mehr anders, der bleibt dabei und engagiert sich in einem der Vereine oder Zünfte.“

Für die Verantwortlichen eines Karnevalsvereins ist das ganze Jahr über etwas zu tun, denn nach dem Fasching ist vor dem Fasching, die jeweils folgende Saison muss lange zuvor und sehr gründlich geplant und vorbereitet werden, damit sie als Ganzes ebenso ein Erfolg wird, wie auch jede einzelne Veranstaltung gelingen muss.

„Schon die Vorbereitung einer einzigen Sitzung in der Liederhalle ist mit unzähligen Abstimmungen, Klärungen und enorm viel Arbeit verbunden“, erzählt Sloggi. Wer wüsste es besser als er ...

„Es muss einem Spaß machen, sonst hält man die Belastung nicht aus. Aber wenn, dann ...!“

„Dann?“

„Dann verdoppeln sich die eigenen Kräfte und man kommt nicht mehr davon los!“

Im Elferrat der „Zigeunerinsel“ war er schon seit Beginn der achtziger Jahre als Veranstaltungsleiter mit für die Programme in der jeweiligen Saison verantwortlich. Da ergab es sich irgendwann wie von allein, dass auch er mal in die Bütt gehen musste, wenn ein Büttenredner fehlte. Musste?? So ein Auftritt reizte ihn natürlich!

Er liebte es als DJ und Partymacher ja längst, ein Mikrophon in der Hand zu haben und für Stimmung im Saal zu sorgen.

Seinen ersten Auftritt als Büttenredner hatte er als Diogenes im Fass. Da traf es sich günstig, dass die Bütt der Zigeunerinsel ein offenes Fass war und man darin stehen konnte. Als Diogenes trug er einen weißen Umhang und einen goldenen Lorbeerkranz auf dem Kopf. Das stand ihm prächtig, versichern Augenzeugen.

Inhaltlich befassten sich seine Büttenreden mit aktuellen Themen aus der Politik, der Umwelt und dem Sport, gern mit starkem Stuttgart-Bezug. Er kannte ja genug Leute aus dem Rathaus und aus der VfB-Szene und erfuhr auch von den teils prominenten Gästen der BOA so viele „heiße" Details und von so außerordentlichen Zusammenhängen, dass die Narren im Saal immer mit einer besonders spannenden Bütt rechnen konnten.

Auch als Psychiater stand er mal in der Bütt – „mit weißem Doktormantel, schwarzer Nickelbrille und Wuselperücke a la Einstein", erinnert er sich.

Hermann und Jochen Engler und Paul Blaser als vertraute „Narren-Kollegen" in der Gesellschaft Zigeunerinsel waren oft die Ersten, mit denen er über die von ihm vorgesehenen Pointen sprach und die öfter auch noch ein paar Ideen einbrachten.

Später übernahm er in der Gesellschaft auch die Rolle des Sitzungspräsidenten.

In der Kampagne 1986/87 war da auch ein Sketch mit dem damaligen Ministerpräsidenten Lothar Späth vorgesehen, der auf der Bühne der Liederhalle in der Rolle eines Zirkusdirektors auftauchen wollte. Das war der Plan gewesen. Noch aber hatten ihm ein paar Ideen zum Wie? und Was? gefehlt.

Zwei Tage vor dem Termin trafen sie sich bei einer Flasche Trollinger, um die Nummer zu beraten. Die wurde dann ein voller Erfolg:

Sloggi, der Sitzungspräsident, hub gerade dazu an, einen nächsten Büttenredner anzusagen, als da ein Kerl im Gewand eines Zirkusdirektors hereingeplatzt kam. Den unterbrach er unwirsch. „Hallo? Was wollen Sie denn hier! Sie können hier doch nicht einfach reinstolpern und stören!", empörte er sich Kraft seines Amtes. Der falsche Direktor entschuldigte sich fahrig und bat darum, etwas sagen zu dürfen. Sloggi fragte das Publikum, ob man den denn reden lassen sollte. Da erst, an der unverkennbaren Sprache des Ministerpräsidenten, begannen die ersten im Saal zu ahnen, wer da wirklich unter der Maske steckte! „Da setzte plötzlich ein großes Toben im Saal ein, und Späth machte seine Sache prächtig!", erinnert sich Sloggi.

Auch Manfred Rommel hatte jahrelang Auftritte bei den Zigeunern. Ihn kannte Werner schon aus der Zeit, als er Baron geworden war. Danach hatten sie sich bei mehreren Prunksitzungen wiedergesehen und noch besser kennen und schätzen gelernt.

„Rommels Humor und sein Gespür für Sprachwitz – das war beeindruckend!", sagt Sloggi. Ein paar Mal war er auch zu Geburtstagen Rommels in dessen Haus in Sillenbuch eingeladen. „Tolle Feiern, ein wunderbarer Gastgeber!“, erinnert sich der noch immer bewegte Gast.

In der Bütt:
Mal als Diogenes ...

... und mal als Psychiater

Schwer zu erkennen, dieser verkleidete Zirkusdirektor Späth

Mit Stuttgart-OB Rommel unterwegs

Enkel Luca

Tochter Jennifer mit Enkel Luca

Mit Töchterchen Jennifer

10 Stadionsprecher und Stimmungsmacher

Neben Disco, Faschings- und anderen Auftritten holte Sloggi allmählich auch das Thema Fußball wieder verstärkt ein, das in den letzten Kapiteln nur mit der Erwähnung der montäglichen Besuche der VfB-Spieler in der BOA gestreift worden ist.

Tatsächlich aber hatte Sloggi, dem Fußball in seiner Jugend doch so wichtig gewesen war, das Thema nie wirklich hinter sich gelassen, sondern seine Kontakte und auch seine spielerischen Fähigkeiten so gut, wie es irgendwie ging, auch in späteren Lebensjahrzehnten gepflegt und bei passender Gelegenheit eingebracht (Und er war, blieb und ist – bis heute! – auch immer mehr oder weniger VfB-Fan).

Sloggis Weg bis zur Rolle des Stadionsprechers des VfB führt nun wieder über etliche Ereignisse, Zufälle und Kontakte, die sich bei einem, der auf vielen Hochzeiten tanzt, wohl zwangsläufig ergeben:

Schon Ende der 70er Jahre war er dem Fußball aktiv wieder näher gekommen.
Ein guter Bekannter, nämlich Erich Brodbeck, damals Präsident der Stuttgarter Prominentenkicker (Prokis) und Pressechef des ADAC Württemberg, hatte ihn 1976 zum Beitritt bei den Prokis überredet, obwohl Sloggi kein Prominenter war, sondern „nur" ein aufstrebender, in der Szene recht bekannter DJ.

Noch heute ist Werner Find Mitglied bei den Prokis, und er trat auch schon mehrfach bei den legendären Prokis-Bällen auf. Das erste Mal als einer der Blues Brothers, später als „Vertreter“ der Neuen Deutschen Welle. Unvergessen aber ist sein Auftritt als „Pavarotti“ bei den Drei Tenören. Die anderen zwei waren Rolf und Klaus. 900 Leute in der Fellbacher Schwabenlandhalle tobten vor Begeisterung – und ahnten wahrscheinlich nicht, wie intensiv sie für diese Nummer geprobt hatten. Denn Playback hin oder her – ohne Proben gelingt so ein Auftritt nicht!

Erich Brodbeck hatte damals übrigens zusammen mit Verkehrsdirektor Peer-Uli Faerber auch das Stuttgarter Weindorf gegründet. Darüber lernte Sloggi das Weindorf und viele seiner Akteure kennen, über die sich später wiederum neue „Verpflichtungen“ ergaben.

Dieses „Modell“ hat sich in seinem Leben unzählige Male wiederholt und bewährt: offen zu sein für neue Kontakte und „den Zufall“, um dann im richtigen Moment zum Macher zu werden.

Bei den Kickers spielte er ein paarmal selbst mit, lernte aber auch Leute kennen wie den Konzertveranstalter Michael Russ, den Rennfahrer Winnie Herrmann und viele andere, die für einige Zeit oder gar bis heute Ansprechpartner bzw. Vertraute wurden, an die man sich bei Vorhaben wenden konnte.

Seine eigentliche „erneute“ Fußballerlaufbahn aber ergab sich durch eine Mannschaft der Stuttgarter Zeitung.

Dieser Kontakt zur Betriebsfußballmannschaft der StZ kam über Wolfram Mozer zustande, der öfter in der BOA auftauchte und mit dem ihn – neben ihrer Freundschaft – auch die Schaltung von Anzeigen im Wochenblatt und in der StZ verbanden.

Das führt uns jetzt mehr als eine Dekade an Jahren zurück.

Ende der 70er nämlich hatten sie mit der Zeitungsmannschaft auch mehrere Spiele in Berlin und Dresden, aber auch bei Partnerzeitungen im Ausland ausgetragen, z.B. in Prag und Bratislava.

An das Match gegen die Altherrenmannschaft von Spartak Prag 1979, das sie ziemlich klar verloren, erinnert sich Sloggi besonders genau, denn am nächsten Tag spielte die Deutsche Nationalmannschaft gegen die damalige Tschechoslowakische Nationalmannschaft. Sie waren natürlich im Stadion, und ein gewisser Hansi Müller schoss das Siegtor zum 4:3.

So beglückend kann Fußball sein, auch wenn man selber am Vortag verloren hat!

Sie feierten den Sieg der Deutschen Nationalelf gemeinsam mit den Spielern und Funktionären in deren Mannschaftshotel in der City.

„Damals war so ein Beieinander noch möglich. Heutzutage nicht mehr vorstellbar, weil alle abgeschottet werden", sagt Sloggi, der nach wie vor recht regelmäßig ins Stadion geht, mit leicht grimmigem Unterton.

Eigentlich gefiel ihm das Spielen in der Zeitungsmannschaft sehr und er dachte auch gar nicht ans Aufhören, aber bei einem Spiel 1983 in Stuttgart-Rohr gegen die Mannschaft der Firma Mahle kam es für ihn zu einem „unhappy triad", nämlich zu einem Riss des Innen-, Außen- und auch noch des Kreuzbandes, der ihn für sechs Wochen in ein Krankenhausbett und weitere sechs in einen Gips zwang, der von der Ferse bis zum Oberschenkel reichte. Das war damals noch so üblich, während man heute nach so einer OP sofort wieder mit dem Bewegen beginnt.

Das einzig Erfreuliche an dem Klinikaufenthalt war eine junge, hübsche, schwedische Krankenschwester, die öfter an seinem Bett saß und in die er sich regelrecht verliebte (Foto). Er hoffte und kämpfte ein bisschen, aber die junge Frau verließ Deutschland dann bald wieder: Es gab einen Verlobten, der in Schweden auf sie wartete.

Mit dem aktiven Fußballspielen war Schluss für ihn, aber das Thema „Stadion" und Fußball holte ihn wenige Jahre später auf völlig unvermutete Weise neu ein ...

Vorerst standen nun aber erstmal wieder die Herausforderungen als Partymacher an vorderster Stelle, wenn einer grade drei Monate in der Klinik bzw. im Gips verbracht hatte. Die Karnevalsplanungen verlangten nach ihm, und auch in der BOA brummte es nach wie vor fünfmal in der Woche, ebenso im CACTUS und im UFO.

Mit Rudi Sigle zusammen, den er aus der gemeinsamen Zeit im POINT in Schorndorf kannte, wo dieser als Light-Jockey und Sloggi als DJ agierte, organisierte Sloggi viele Hallen-Discos. Auch der Freund legte auf, war aber vor allem als Chef einer Firma für Licht- und Beschallungstechnik gefragt und hatte so auch viel mit der Planung von Veranstaltungen zu tun. In dieser Rolle sprach er Sloggi eines Tages an, ob er nicht auch moderieren könne, denn bei größeren Feiern von Sparkassen und Vereinen wäre das besonders gefragt. Klar konnte Sloggi! Seine Kraft wuchs, scheinbar, mit jeder neuen Herausforderung ...

Über die Jahre entwickelten sich eine besondere Partnerschaft und eine schöne Freundschaft zwischen Rudi und Sloggi. Eine Anti-Drogen-Disco in Berlin wurde zu einem Höhepunkt, an den sich Werner lebhaft erinnert. Aber die Höhepunkte und Partys jagten sich in dieser Phase sowieso.

Im August 1986 bestritten sie im Rahmen der Leichtathletik-EM in Stuttgart zusammen Discoveranstaltungen. Nonstop Stimmungsmacher zu sein an vielen langen Abenden – von heute aus staunt Sloggi selbst, mit wie wenig Schlaf man auskommen kann, wenn die Begeisterung so gewaltig ist und der Adrenalinspiegel gar nicht mehr zum Abflachen kommt.

Aus Platzgründen feierten sie das 10-jährige Bestehen der BOA im Januar 1987 im Perkins-Park, denn die BOA-Disko war für die vielen Gäste, die mit ihnen anstoßen wollten, viel zu klein: Über 1.500 Leute folgten ihrer Einladung und wurden bestens unterhalten! Besondere Programmpunkte waren z.B. ein Tina-Turner Double, Jubiläumsaufkleber für jeden Gast und eine fulminante Geburtstagstorte.

Eigentlich hatte Sloggi geplant, nun wieder blaue Taue an die Decke der BOA hängen zu lassen, und er hatte dieses „Back-to-the-roots“ auch schon vorbereitet gehabt. Die verantwortliche Dame vom Baurechtsamt aber machte einen Strich durch die Rechnung. Wegen der Brandgefahr!, sagte sie. Dabei hatte er sich extra um Taue aus nicht brennbarem Material gekümmert.

Und noch ein zweiter „10. Geburtstag" im gleichen Jahr stand bevor:

1987 meldete die Filderzeitung für den 23. Juni, dass sich Matze und Sloggi für die Feier zum zehnjährigen Jubiläum des UFO eine Menge hätten einfallen lassen. Dem war dann auch so. Besonders eine Beach-Party sorgte für Furore, für die allerdings 17.000 Liter Wasser in den vierten Stock des Gebäudes gebracht werden mussten, um die Pools bis Hüfthöhe zu füllen. Wie kann das gelingen? „Die Feuerwehr von Bernhausen half uns mit ihren Schläuchen ... die schienen da auch Spaß dran zu haben!", erinnert sich Sloggi. Im Rahmen der Jubiläumswoche trat auch eine damals noch wenig bekannte Vier-Mann-Band live auf. Dass aus dieser bald die „Fantastischen Vier" werden würden, ahnte noch keiner. „Aber wir zumindest waren damals schon begeistert von den Vieren, sonst hätten wir sie ja auch nicht engagiert!", betont Sloggi.

Für den 8. September 1988 war er als DJ in einer „Sondermission" im Einsatz, nämlich beim „Werner-Rennen" auf dem Flugplatz in Hartenholm (Schleswig-Holstein), wo er und Rudi Sigle auf einer Nebenbühne auflegen sollten.

Werner-Rennen? Das hatte nix mit ihm und seinem Vornamen zu tun, sondern wurde vom Comicautor

„Brösel“ Feldmann veranstaltet. Eigentlich war ihr Auftritt auch nur zur Überbrückung der Pausen im Rennen geplant, wo die Fans bei Laune gehalten werden sollten. Die Veranstalter waren sowieso bis zuletzt unsicher, ob sie mit diesem Rennen und dem Beiprogramm den Nerv des Publikums treffen würden. Dann aber wurden schon im Vorverkauf 100.000 Karten abgesetzt, und am Eröffnungstag kamen sogar über 200.000 Besucher!

Ebenso unerwartet war es mit ihrer Musik von der Nebenbühne. Von wegen „Überbrückung“! Sie hatten einen solchen Erfolg, dass die Massen bis in die Morgenstunden vor dieser Nebenbühne feierten!

1989 war für Sloggi ein Jahr, das es absolut in sich hatte. Scheinbar konfliktreich hört sich an, dass sein Partner Klotz aus der BOA ausstieg und er selbst die Disko nun als alleiniger Inhaber weiterführte.

Mit seinem guten Team und verlässlichen Partnern und Freunden schien das aber durchaus möglich, und es entpuppte sich schließlich sogar als Vorteil, das Sagen ganz allein zu haben.

Aus ihm und Rudi Sigle war zu diesem Zeitpunkt fast ein Dream-Team geworden – und für Sloggi, der inzwischen häufig moderierte, ergab sich daraus bald ein ganz besonderes Engagement: Der Freund nämlich, der mit seiner Licht- und Beschallungstechnik auch für den VfB arbeitete, schlug ihn bei dessen damaligem neuen Manager Dieter Hoeneß als Stadionsprecher vor – in der Nachfolge von Frieder Willmann und Werner Stockinger.

Halt wieder ein neuer kleiner Job für Sloggi? Von wegen! Eine Karriereverzweigung begann, die so besonders, erfüllend und erfolgreich wurde, dass sie ein extra Kapitel verdiente! Es gibt aber viele Fotos und vor allem so massenhaft Ohrenzeugen seiner Auftritte im Stadion, dass die Erinnerungen daran bis heute von Tausenden geteilt werden können!

Sloggi denkt noch immer gern an das Vorstellungsgespräch bei Hoeneß zurück: Er ging wahrlich nicht selbstbewusst wie bei anderen Anfragen zu gerade diesem Termin, sondern mit großer Unsicherheit darüber, was die Manager des Vereins denn eigentlich von einem Stadionsprecher erwarteten.

Das erfuhr er dann bald: ein sehr aktiver Sprecher sollte er sein, einer, der die Zuschauer gut zwei Stunden lang informierte, unterhielt und unmittelbar mit einbezog. Und er sollte seine Ansagen und die Anfeuerung auch direkt unten, vom Rasen aus machen!

Dieter Hoeneß im Besonderen suchte einen Sprecher wie den, den Kaiserslautern damals mit seinem „Udo" hatte, einen, der die Zuschauer wirklich erreichte und alles Wichtige kommunizierte, die Spieleraufstellungen, die Spielstände, die Tore – und eben direkt vom Spielfeld aus, ganz live während des Spiels.

Sloggi konnte Hoeness und das Management des VfB bei diesem Vorstellungsgespräch offensichtlich schnell davon überzeugen, dass er der richtige Mann für diesen besonderen Job war, denn schon das Spiel VfB gegen Borussia Dortmund im Frühjahr 1989, bei dem er zugegebenermaßen sehr nervös war, erbrachte den Beweis, dass er vom Publikum in der Rolle angenommen wurde. Gewöhnungsbedürftig aber war es für ihn, die Ansagen von der Mitte des Platzes aus zu machen und sich durch das Delay System und dessen Akkustikbesonderheit gewissermassen dreimal selbst zu hören. Er lernte aber schnell, damit umzugehen und entsprechend langsam zu reden, trat von nun an bei sämtlichen Heimspielen als Stadionsprecher auf und wurde für die oft über 70.000 Zuschauer, die damals ins Neckarstadion passten, zu einer festen Größe.

So mittendrin im Vereins- und Spielgeschehen bekam er auch so manches mit, was nicht für offizielle Ohren bestimmt war. „Die kurioseste Sache passierte, als Winnie Schäfer beim VfB und Werner Lorant bei 1860 München Trainer waren. Was die während des Spieles so rumgebrüllt haben – da müsste Brehms Tierleben um neue Gattungsbezeichnungen erweitert werden!", erzählt er grinsend.

Ein paar Tage vor den Ansetzungen gab es jeweils eine Art Regiebesprechung, in der die Abläufe, die Musikeinspielungen, Live-Auftritte und Interviews abgestimmt wurden. Sloggi musste auch die eine oder andere Werbung einsprechen, was er mit seiner erprobten DJ-Stimme auch überzeugend bewerkstelligte. Zwei Stunden vor dem Spiel ging es dann noch mal ganz aktuell um die Abläufe. Und dann, eine Stunde vor dem Anpfiff, begann sein eigentlicher Part – die Moderation durch das Rahmenprogramm.

Wie schön und erfolgreich diese neue Ära als Stadionsprecher sich auch insgesamt anließ – von heute aus betrachtet, war es das Allerwichtigste dieser Jahre, dass er in dieser Rolle seinen besten und bis heute einzig wirklichen Freund gefunden hat: Stephan Weik.

„Manche haben 80 oder mehrere hundert Freunde und bezeichnen alle Leute so, die sie ab und zu treffen oder mit denen sie bei facebook befreundet sind. Ich aber weiß durch Stephan, was einen wirklichen Freund von den Menschen unterscheidet, mit denen man halt irgendwie befreundet ist", sagt Sloggi – und er wirkt sehr ernst bei diesem Thema.

Er hat Stephan Weik 1989 kennengelernt, als dieser für das Marketing beim VfB Stuttgart zuständig war: Sie kamen schnell ins Gespräch miteinander und entwickelten in der Folge viele gemeinsame Ideen für spannende Aktionen und Veranstaltungen des Vereins. Auch deren Umsetzung erlebten sie häufig Seite an Seite.

„Auch später, nachdem Stephan den Verein schon verlassen hatte, besprachen wir unsere Aufgaben und Aufträge am liebsten miteinander. Wir teilten uns inzwischen ein Büro im 4. Stock des BOA-Gebäudes. So vertiefte sich unsere Freundschaft immer weiter", erzählt Sloggi. Stephan hatte damals eine eigene Sport- und Marketingfirma aufgebaut, die bis heute erfolgreich ist.

Und bis heute gehen sie auch gemeinsam zu den meisten Spielen des VfB, haben dort ihre Stammplätze, wo ihre vielen Bekannten aus der VfB-Szene gern vorbei schauen.

Über Stephans Firma organisieren sie auch in der Gegenwart noch immer Veranstaltungen gemeinsam und können sich dann, wie einst, auf die Sorgfalt und Kreativität des anderen verlassen.

„Aber wichtiger als alles Geschäftliche war und ist in unserem Fall, dass wir auf die Freundschaft des anderen bauen können und uns ganz und gar vertrauen."

Bei einem solchen Satz hört sich die Stimme des üblicherweise rationalen Sloggi sehr emotional an.

Seitdem er Stadionsprecher war, kamen VfB-Spieler, Manager und Fans noch zahlreicher und regelmäßiger in die BOA. Ebenso kamen die Aktiven und Anhänger der Stuttgarter Kickers und anderer Vereine. Erneut traf zu: Sloggis Bekanntheit in einem der Bereiche, in denen er aktiv war, sorgte für neue Kontakte und Aufträge in allen anderen Szenen, in denen er sich tummelte.

Von den Fußball- und sonstigen -größen, die auch wegen ihm in die BOA kamen, lernte Sloggi etliche auch privat näher kennen. Hansi Müller, Martin Spanring, Frank Verlaat, Horst Held und Markus Babbel kamen sowohl einzeln als auch zusammen oft vorbei, Babbel auch dann noch, als er schon in München war. Für Gerhard Mayer-Vorfelder organisierte er zusammen mit Stephan des öfteren Home-Parties. Die private Geburtstagsfeier für „MV" 2003 (70.!) ist für Sloggi, der wahrlich schon viele tolle Partys erlebt hat, als absolutes Highlight in Erinnerung geblieben. „Da war alles da ....", deutet er vielsagend an, und meint nicht nur Getränke und edelste Speisen, sondern auch Gäste aller Art, darunter viele Prominente. Er könnte auch Storys darüber zum Besten geben, aber Skandalträchtiges bekomme ich bei unseren Gesprächen nicht zu hören, da bleibt er diskret, hat ja auch viel zu viel Achtung vor der Person des MV.

„Ich habe Gerhard Mayer-Vorfelder – Finanzminister und VfB Stuttgart-Präsident – als wirklich starken Präsidenten und hervorragenden Redner kennen gelernt. Wenn er ans Mikrofon ging, war es mucksmäuschenstill im Raum. Bei Festen war er immer der Letzte frühmorgens, aber bei Terminen am nächsten Tag einer der Ersten!"

Zur Witwe des großen Präsidenten, Frau Margit Mayer-Vorfelder, habe er bis heute guten, losen Kontakt.

Auch etliche Trainer hat Sloggi damals persönlich kennen gelernt, so Christoph Daum, Jogi Löw, Winnie Schäfer oder Felix Magath. Als der VfB 1989 zum Meisterschaftsfinale nach Leverkusen fuhr, war Sloggi ausnahmsweise auch bei diesem Auswärtsspiel mit von der Partie, um sich vor Ort mit um die VfB-Fans kümmern zu können. Auf der Hinfahrt saß er im Bus der Frauen der Spieler. „Zickenkriege und die Ego-Shows einzelner Spieler-Partnerinnen, wie man das heute erlebt, gab es da nicht, im Gegenteil, die Frauen waren lustig, freuten sich aufs Spiel und hatten teilweise wirklich Ahnung!"

Auch die damals erste Begegnung mit Margit Mayer-Vorfelder ist ihm in guter Erinnerung geblieben: „Sie kümmerte sich um alle und bewies, so wie später oft, wenn ich sie bei Festen und offiziellen Anlässen erlebte, ein beeindruckendes Organisationstalent."

Nach Spielende und dem Gewinn des Meistertitels bekam Sloggi das Flugticket von Christoph Daum (das er heute noch hat), da Daum direkt ins Aktuelle Sportstudio zum ZDF fuhr und sein Platz im Flieger frei geworden war.

Auch mit Christoph Daum, diesem damals sehr beliebten Meisterschaftstrainer, hat Sloggi bis heute lockeren Kontakt. Ebenso zu Jogi Löw, dem späteren VfB-Trainer, sowie zu Jürgen Klinsmann. „Wenn sich die Wege kreuzen und einer von denen im Stadion ist, gibt es bis heute ein paar nette Worte."

Wieder ist hörbar, wie sehr ihn die Erlebnisse und Begegnungen, die es in seiner Zeit als Stadionsprecher gab, noch immer bewegen. In der Epoche „des magischen Dreiecks" (Bobic, Elber, Balakov) sei oft die gesamte Mannschaft in der BOA erschienen. Und die VfB-Hymne „Stuttgart kommt", die Wolle Kriwanek produziert hatte und die im Stadion oft von Tausenden Stimmen gesungen wurde, erklang, zu fortgeschrittener Stunde, auch manchmal an einem der BOA-Tische.

Auch zwei bekannte Sportreporter waren oft in der BOA zu Gast: Marcel Reif (RTL und SKY) und Christof Fuoß (SKY). „Mit beiden gab es immer tolle Gespräche, nicht nur über Fußball", erinnert sich Sloggi, dem der Gehalt von Gesprächen mit den Jahren immer wichtiger geworden ist. „Eitle Selbstdarstellungen und banales Geschwätz dagegen konnte ich da schon immer schlechter ertragen."

Eine nette kleine Erinnerung verbindet sich auch mit Kevin Kuranyi: Mitte der 90er Jahre kam dessen Vater Kont Kuranyi, ein Bekannter noch aus den Schorndorfer POINT-Zeiten, nach seiner Rückkehr aus einem „Zwangs-Exil" in Brasilien in der BOA vorbei und stellte Sloggi seinen Sohn vor. „Er erzählte, dass er den Kevin jetzt zum VfB bringen wolle. Da Kont aber von jeher ein fröhlicher Schwätzer war, dachte ich im Stillen: Ja ja, erzähl du nur, solche Geschichtchen denken sich viele aus!"

Nachdem aus Kuranyi junior der erstklassige Torjäger und Nationalspieler geworden war, ist Sloggi auch bei „Schwätzern" ein bisschen vorsichtiger geworden. Man konnte nie wissen ... „Noch heute lachen Kevin und ich, wenn wir uns sehen, über unsere Erst-Begegnung damals", erzählt Sloggi.

Trotz seiner Samstagsauftritte im Stadion, die ja auch immer vorbereitet werden mussten, konnte sich der Disco-Alleininhaber Find in dieser Ära nicht etwa auf den „Selbstläufer" BOA verlassen, im Gegentei, sein Engagement und neue Ideen waren plötzlich wieder verstärkt nötig.

Anfang der Neunziger nämlich hatte in Stuttgart eine neue Discothek eröffnet. Aus dem OZ war der P-Club geworden. Wie so oft, wenn etwas Neues ins Gespräch kam, rannten nun viele Feierlustige in dieses Lokal. Die BOA erlebte plötzlich zumindest an den Wochenenden eine Durststrecke. Sloggi konnte den Ausfall nur mit dem weiterhin erfolgreichen BOA-Montag kompensieren. Aber er musste sich darüber hinaus etwas einfallen lassen! Gedacht .... getan: Er kreierte die After-Work-Party am Donnerstag, die zuerst nur einmal im Monat, dann zweimal und nach einem Vierteljahr jede Woche stattfand. „Als Motto-Party schlug sie ein wie eine Bombe!“, schildert er die Belebungsphase der BOA nach ihrer Durststrecke. Noch heute funktioniere das Konzept hervorragend.

Neues wagen – aber Vertrautes erhalten: Es wurde für Sloggi in den neunziger Jahren immer mehr zum Grundsatz: Man muss seinem Konzept treu bleiben, darf nicht irgendwelchen Trends hinterher laufen.

„Wer in die BOA kam wusste, was ihn erwartete, welche Musik gespielt wurde und welches Personal man traf. Ein bisschen Wohnstube eben, wo man seinen Platz hat und sich entspannen kann!“

Die BOA bewies in diesem letzten Jahrzehnt des 20. Jahrhunderts sehr eindrucksvoll, dass sie trotz vieler Neueröffnungen von Clubs und Lokalen ringsherum ihr Stammpublikum und ihren Ruf sichern konnte.

Auch ganz privat verlief dieses letzte Jahrzehnt für Werner nicht ereignislos. Nachdem 1992, wie schon berichtet, sein Vater verstorben war, hatte die Mutter weiter allein in Großsachsenheim gewohnt, wo er sie regelmäßig besuchte.

Aber das konnte keine Dauerlösung sein! Sloggi verkaufte das elterliche Haus und erwarb im Herbst 1994 ein Haus in der Stuttgarter Finkenstraße, wo die Mutter eine Einliegerwohnung beziehen konnte.

So wohnten sie beieinander, aber jeder hatte weiterhin auch sein Leben für sich.

Ein paar Jahre später lebte Sloggis Kontakt mit seiner ersten großen Liebe Claudia wieder auf, die damals noch in Zuffenhausen wohnte. Um zusammenziehen zu können, kauften sie 1998 ein großes Haus in einer Wohnanlage im Knappenweg, um das sich eine riesige Terrasse zog. Für die Mutter erwarb Sloggi nun in der gleichen Anlage ein Einzimmerappartement, so dass sie, bis zu ihrem Tod im Jahr 2000, auch weiterhin gleich neben ihm wohnen konnte.

Das Haus in der Finkenstraße hatte er zuvor natürlich wieder verkauft – zu etwas musste die frühere Lehre in der Immobilienbranche ja gut gewesen sein: man lernte mit jedem Hauskauf und -verkauf etwas hinzu. Und Stuttgart immer besser kennen!

Nachdem auch die Liaison mit Claudia einige Zeit später zu Ende ging, verkaufte Sloggi auch „den Knappenweg" wieder. Und die neue Adresse hieß dann Rotebühlplatz.

Michael Frontzeck, Dieter Hoeneß, Eike Immel, Maurizio Gaudino, Werner „Sloggi" Find und Günther Schäfer (v.li.)

Stadionsprecher Sloggi, alias Werner Find, tanzt als Stimmungsmacher gleich auf mehreren Hochzeiten. Aus dem Rahmenprogramm der VfB-Heimspiele nicht mehr wegzudenken, ist Sloggi als Präsident der Gesellschaft Zigeunerinsel Stuttgart weithin bekannt und seit Januar auch wieder in der Stuttgarter Gastronomie aktiv. Er übernahm die Diskothek „Boa", die er – lang, lang ist's her – 1977 mit einem Partner eröffnet hatte. 1989 gab Sloggi die „Boa" (Tübinger Straße) ab und verlagerte seine Aktivitäten auf die Discos „Ufo" (Bernhausen) und „Scheune" (Bietigheim).

Mit Erich Brodbeck beim Ball der Prominentenkicker

Schäfers Taktik mit dem Karnevalspräsidenten

Gemeinsam sind wir stark, sagt der VfB-Trainer und baut beim 4:0 gegen den Deutschen Meister vor allem auf die Zuschauer

STUTTGART. 40 000 Zuschauer und der 1. FC Kaiserslautern waren verblüfft. So stark hatte sich keiner den VfB Stuttgart vorgestellt, der am dritten Bundesligaspieltag den Deutschen Meister mit 4:0 besiegte. Ristic (2), Bobic und Balakov schossen die Tore.

Von Horst Walter

Am meisten Druck bekam Sloggy. Sloggy konnte tun, was er wollte – Winfried Schäfer war es zu wenig. Immer wieder postierte sich der Trainer des VfB Stuttgart vor ihn, ruderte wie ein Ertrinkender mit den Armen und forderte ihn zu neuen Höchstleistungen heraus. Das Ergebnis ist bekannt: Der VfB Stuttgart schlug den Deutschen Meister aus Kaiserslautern mit 4:0 – und Sloggy hatte eine wichtige Rolle im taktischen Konzept des Winfried Schäfers gespielt.

Denn der neue Schäfer mit dem Anzug setzt plötzlich wieder auf die Qualitäten des alten Schäfers mit der Lederjacke: auf Emotionen nämlich. Die weckte er nach dem 0:4 in Ulm in der Mannschaft, und die funktionieren natürlich am besten im Zusammenspiel mit den Zuschauern. Und Sloggy, der im richtigen Leben Werner Find heißt, ist der Verbindungsmann. Als Stadionsprecher sitzt er auf der Tartanbahn direkt neben der Trainerbank – und von dort aus soll der Vorsitzende der Karnevalsgesellschaft „Zigeunerinsel" versuchen, ein bißchen Humbatätärä von Büttenredner Schäfer auf die Zuschauer und von den Zuschauern auf die Spieler zu übertragen. Daß das geklappt hat, sah man

Beim VfB gibt's wieder glückliche Gesichter: Sreto Ristic (links) und Fredi Bobic genießen nach dem 4:0 meisterlichen Jubel.

Bei Pokalsieg-Feier mit „MV" und OB Schuster

Mit Anne Schmieder und Matthias Holtmann

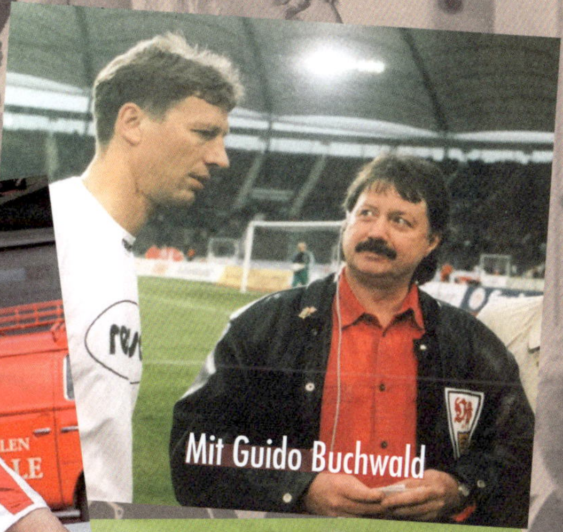

Mit Guido Buchwald

Mit Thomas Berthold

Bei der VfB 125-Jahr-Feier

Beim Soccer-Cup

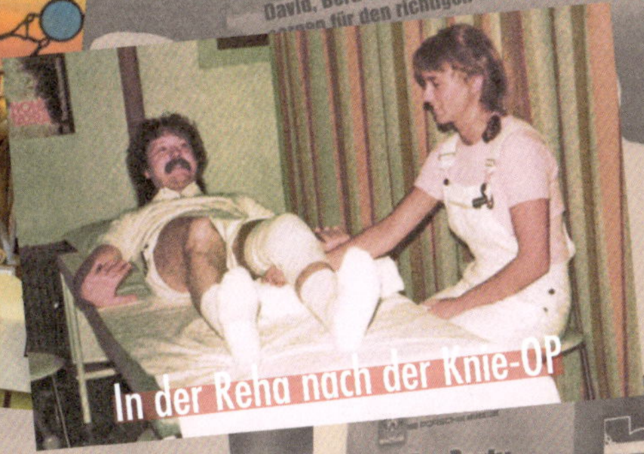

In der Reha nach der Knie-OP

Rudi Sigle – unvergessen

Beim Werner-Rennen 1988 in Hartenholm

Rudi und Sloggi heizen ein

11 Noch immer Neues – aber auch Einschnitte und Abschiede

In Interviews war er oft danach gefragt worden, wie er die langen Partynächte und so unterschiedliche Herausforderungen und Termine in seinen Ämtern und Rollen denn aushalte. Er aber fühlte sich stark und belastbar und machte sich keine Sorgen darum, dass es öfter nur wenige Stunden Schlaf waren. Immer noch überwogen die Tage, an denen er erst gegen vier Uhr morgens ins Bett gekommen war, aber schon um elf Uhr eine Verabredung beim VfB oder in der Gesellschaft Zigeunerinsel anstand.

Wenn seine Vorschläge und Erfahrungen gefragt waren, schienen sich seine Energien wie von allein zu erneuern. Es blieb auch dabei: Seine Macher-Impulse meldeten sich um so kräftiger, je positiver sich die Kontakte und die Atmosphäre zu Partnern entwickelten.

Er war stolz auf seine Erfolge, sie schienen wie Nahrungsergänzungsmittel auf ihn zu wirken. Und es hörte nicht auf. Immer wieder ergaben sich unerwartete Situationen, die neue Ideen und Energien erforderten, für ihn aber auch Anregungen und Ehre bedeuteten.

Die BOA war und blieb sein „Hauptkampfplatz". Als alleiniger Geschäftsführer musste er sich permanent um das Gesamtgeschehen, um Einkauf, Lagerung, Verträge, Buchhaltung, Programme und Öffentlichkeitsarbeit kümmern.

Seit sie die After-Work-Partys veranstalteten, bot ihre Disko von 18 bis 20 Uhr nun auch in Eigenregie zubereitete kalte Speisen und Salate an. Das brachte mehr Umsatz und rundete das Angebot für bestimmte Zielgruppen besser ab. Damit war allerdings auch deutlich „mehr Geschäft" verbunden und er musste noch mehr Entscheidungen treffen. Ein paar Jahre später übernahm eine Catering-Firma das After-Work-Buffet.

„Was ausprobieren und offen sein für Veränderungen – Ja!", sagt Sloggi; doch er ergänzt sofort: „Aber man muss schnell erkennen, was nicht funktioniert – und darf dann nicht feige oder zu unentschlossen sein, es halt wieder sein zu lassen!"

Er hatte ein gutes, verlässliches Team zur Seite und zudem Freunde und kollegiale Berater, um neue Ideen und Entscheidungen zu besprechen. Sie hielten ihm auch den Kopf und den Rücken frei, wenn seine anderen Projekte ihn forderten.

Die Aktivitäten als Präsident der Gesellschaft Zigeunerinsel waren oft mit Repräsentationspflichten bei anderen Karnevalsvereinen und in anderen Städten verbunden. Dann begegneten ihm häufig Talente in der Bütt und im Verein, von denen er sich anregen ließ und mit denen sich neue Arbeits- und Feierkontakte ergaben.

„Als absolute Comedy-Größe habe ich damals Alfred Heizmann aus Konstanz kennengelernt", erzählt er und kommt auf Erinnerungen an diese „Konstanzer Legende" zu sprechen: Heizmann habe viele tolle Titel für Fasching und Brauchtum geschrieben und sei auch ein hervorragender Büttenredner gewesen.

Mit dem bekannten Sänger David Hanselmann und Freund Rolf Köhrer gründete Sloggi 1994 eine Stimmungsband, die „Feierwehr". Ihr Titel „Keine Feier ohne Maier" brachte auch gleich einen großen Erfolg und ermöglichte ihrem Trio verschiedene Auftritte im Faschingsgeschehen – einige davon im Fernsehen, beim ZDF und beim MDR.

Der Erfolg stieg leider einem der Mitsänger in den Kopf ... und nach diversen Streitigkeiten löste sich die erfolgversprechende Gruppe wieder auf.

Aber für Sloggi blieben es auch ohne das Trio genügend Auftritte.

1996 war er zur ARD eingeladen, weil den Verantwortlichen seine Moderationen bei den Fernsehsitzungen des Landesverbandes (LWK) in S3 gefallen hatten. Sie engagierten ihn dann für die Übertragungen des Karnevals aus der Zeppelinhalle in Friedrichshafen, wo wieder ein neues, acht Jahre währendes und sehr erfolgreiches Kapitel im Leben des Partymachers Sloggi begann. Gerd Motzkuss, damals Abteilungsleiter beim SWR, und Harald Müller, der für die jeweils geplante Sendung in S3 bzw. bei der ARD verantwortlich war, wurden seine unmittelbaren Ansprechpartner.

Mit über fünf Millionen Zuschauern dieser Karnevalssendungen wurden Sloggis Gesicht, seine Stimme und seine Art Humor nun tatsächlich landes- und bundesweit bekannt.

Er freute sich Jahr für Jahr erneut auf diesen Höhepunkt, der für die Zuschauer nichts von seiner Attraktivität verlor. Noch 2002 lauteten die Schlagzeilen in der

Presse, dass das Gockelores Kikeriki in der Zeppelinhalle erneut ein Feuerwerk der Narretei geboten habe. Sloggis Moderation, die Stargäste und die Büttenreden hätten wieder für allerbeste Stimmung gesorgt, ebenso die Hausband, „Die Klostertaler".

Die Fasnacht an Neckar, Rhein und Bodensee bescherte dem Sender über 13 % Marktanteil. Entsprechend lautete die Schlagzeile in der lokalen Presse: „Können Millionen irren?"

Eher nicht! Und trotzdem ging es mit der so beliebten Sendung wenige Jahre später zu Ende.

Aber so weit sind wir hier noch nicht, sondern noch mittendrin in der fantastischsten, intensivsten Zeit im Leben des Werner Find: Als Moderator in der Faschingshochzeit, Stadionsprecher in Stuttgart, Präsident der Zigeunerinsel, bunter Hund der Partyszene und alleiniger Inhaber der BOA wurde er immer bekannter – und lockte damit seinerseits bunte Hunde und bekannte Persönlichkeiten in die BOA.

Viele Restaurants und Clubs tapezieren ihre Wände mit Fotos und Erinnerungsstücken an prominente Gäste, die schon bei ihnen weilten, sind stolz darauf und glauben wahrscheinlich, dass Normalo-Gäste es besonders schätzen, in einer Lokalität zu sein, in der so medienbekannte Personen ein- und aus gegangen sind.

Manchmal allerdings empfindet man das als normaler Gast eher als ein bisschen lächerlich oder gar als Abwertung.

Ich fragte Sloggi, der gern von den Besuchen bekannter Fußball-Stars, von Prinz Albert, Boris Becker und vielen anderen erzählt, wie wichtig es ihm selber denn gewesen sei, dass häufig Prominente in die BOA kamen und sich das rumsprach. Er denkt kurz nach.

„Es machte schon stolz, und es hatte ja auch viel mit dem Ruf und der Qualität zu tun, wenn bekannte Leute kamen, die sich bewusst für gerade unsere Disko entschieden hatten. Aber im Verlauf der Jahre habe ich auch bei den sogenannten Prominenten unterscheiden gelernt, ob man die eher zu den ‚gute Typen' rechnen konnte oder ob es Leute waren, die sich viel auf ihre Prominenz einbildeten oder sogar damit protzen wollten. Solche gab es natürlich auch. Aber ich kann von heute aus sagen: Von den Prominenten, die ich in den 42 Jahren in der BOA kennen gelernt habe, waren überproportional viele wirklich interessante, kluge und anregende Menschen!"

Er erzählt davon, dass es im Verlaufe der Jahre immer schwieriger geworden sei, bekannten Personen einen geschützten Raum in der BOA bieten zu können. Die meisten wollten ja in Ruhe gelassen, möglichst nicht erkannt und keinesfalls mit Autogrammwünschen behelligt oder angestarrt werden.

„Vor allem vor Presseleuten und Fotografen sollten wir sie schützen. Das ging immer öfter nur noch, indem wir gegenüber der Presse keinerlei Mitteilungen machten oder ihren Vertretern sogar den Eintritt verwehrten."

Er erinnert sich an einen Besuch von Liza Minelli: „Da mussten wir besonders konsequent zu Werke gehen!"

Tolle Programme, gute Gastronomie und auch Sicherheit in der BOA zu bieten – das erwies sich für Sloggi, wenn er wegen anderer Aufgaben nicht präsent sein konnte, oft vor allem als Personalfrage. Er war auf gute, selbstständig arbeitende und vertrauenswürdige Mitarbeiter angewiesen.

Nicht in dem Maß wie heute, aber auch damals wechselte das Personal in der Gastronomie häufig. In der BOA bestand es aus studentischen Hilfskräften, Bekannten und aus Bekannten von Bekannten. Sie mussten verlässlich, diskret und vor allem ehrlich sein, wenn es mit ihnen und „dem Chef" funktionieren sollte. Sloggi, eigentlich die Gutmütigkeit und Konfliktscheu in Person, konnte ab und zu schon bei kleinen Vorkommnissen unangenehm werden; dann trennte er sich auch schnell von Leuten, die nicht ins Team passten.

Bei den größeren Veranstaltungen donnerstags oder an den Wochenenden umfasste die BOA-Mannschaft oft 15 Mitarbeiter oder mehr, denn außer an der Tür war auch an den drei Bars, zum Abräumen, an der Zapfe, an der Garderobe und an der Kasse Personal erforderlich. Grundsätzlich wird Sloggi ein ausgesprochen glückliches Händchen bei der Personalauswahl zugesprochen. Vielleicht ja, weil er auch da sehr auf Kommunikation setzte: dann zwar nicht mit dem Mikrophon, aber mit viel Einsatz von Stimme, persönlichen Worten und Blickkontakt. „Ob und wie man mit seinem Team redet und umgeht, davon hängt nicht nur viel, davon hängt so ziemlich alles ab!", ist er überzeugt.

Einmal, als er auch selbst mit an der Tür stand, wollte ein arabischer Gast herein, der ein Dollarbündel hoch hielt und wohl glaubte, nun sofort Einlass zu erhalten. Dem wurde schnell klar gemacht, dass er mit einem solchen Auftritt nicht erwünscht sei. Er zog beleidigt ab, fuhr aber kurze Zeit später mit einem goldfarbenen Porsche durch die Tübinger Straße und winkte ihnen, den Türstehern, cool zu.

Eine andere „Tür-Erinnerung" war für Sloggi mit persönlichen Folgen verbunden: Er hatte sich bei einer beginnenden Schlägerei dem Angreifer in den Weg gestellt und Sekunden später dessen Faust im Gesicht verspürt. Ein Siegelring verletzte seine Unterlippe so erheblich, dass die Wunde in der Klinik genäht werden musste.

Der eigentliche Türsteher sagte später grimmig, dass er sich bitte nie wieder in seine Arbeit einmischen solle.

„Hab ich auch beherzigt! Viel wichtiger war es ja, dass ich drinnen für Ordnung gesorgt habe ...", sagt Sloggi. Das konnte er auch wirklich besser; sein Kommunikationsvermögen war weiter gereift.

Bei Geschäftspartnern aber habe er, das sind seine eigenen Worte, manchmal nicht kritisch genug hingeschaut. „Das große „G" schien mir da gleich doppelt in die Stirn gebrannt – gutmütig und gutgläubig. So jedenfalls haben mich ein paar vermeintliche Partner behandelt. Und auch heute erlebe ich da Enttäuschungen, könnte einen ganzen Roman schreiben, wie sich Leute mein Vertrauen erschleichen, das Blaue vom Himmel versprechen und sich später an nichts erinnern, Zusagen nicht einhalten! Aber natürlich – da gehören immer zwei dazu. Und ich bin offensichtlich der Part, der öfter mal auf Lügen und Tricksereien reinfällt."

Ich bitte ihn um ein kleines Beispiel.

„Einer meiner großen Wünsche war es immer, wenigstens ein einziges Mal im Leben bei einer Oscar-Verleihung in Los Angeles dabei sein zu können. Ein Fotograf aus Esslingen erzählte mir in einem Gespräch, dass er gute Kontakte hätte und es einrichten könne, dass er und ich zusammen hinfahren. Auch hinsichtlich der Einlass-Formalitäten kenne er sich aus und wüsste, wie er das für uns organisiert. In meiner Dusseligkeit habe ich ihm dann einen Vorschuss für den Erwerb der Karten gegeben. Doch als es an der Zeit war, die Flüge etc. nach L.A. zu buchen, war er plötzlich nicht mehr aufzufinden, und mein Traum war geplatzt ...".

Sloggis letzte größere Beteiligung erfolgte, als Ende der neunziger Jahre in Stuttgart das Metropol-Center aufmachte und er zusammen mit Maurice Gritzmacher das „Ballhaus" und die „Sports-Bar Freddie+Po's" übernahm. Sie waren gleichberechtigte Geschäftsführer und Inhaber, und das Ballhaus war als ein Tanzlokal konzipiert, das für Tanzfreudige aus dem Stuttgarter Umkreis zu einer attraktiven Adresse werden sollte. Da Maurice schon früher an verschiedenen Orten Tanzlokale betrieben hatte, hoffte Sloggi auf einen Erfolg auch in Stuttgart. Aber das brauchte einen langen Atem ... und Maurice fehlte die nötige Geduld. Aus dem Tanzlokal wurde mehr und mehr eine Diskothek, und Sloggi gab seine Anteile für beide Lokale Mitte 2001 wieder ab.

Er war damit aber nicht nur erneut um eine geschäftliche Erfahrung reicher, sondern im Jahr 2000 hat in diesem Ballhaus etwas begonnen, was bis heute einen ziemlich wichtigen Platz im Leben Werner Finds einnimmt. Mehr dazu im nächsten Kapitel!

Auch das UFO hatten er und Matze bereits im Jahr 2000 verkauft; der Freund hatte sich danach selbständig gemacht.

„Die entscheidende Konstante in meinem Leben war immer die BOA“, erinnert sich Sloggi. Sie auch gab seinem Alltag jahrein-jahraus eine Grundstruktur, denn für eine Schlange, wie für jedes Haustier, muss man auch dann sorgen, wenn sich Termine für andere Ereignisse überschlagen. Dem „Haustier“ hilft's und einem selber auch, wenn ein paar grundlegende Pflichten und Regeln immer im Blick sein müssen.

Die After-Work-Partys donnerstags und die Themenpartys, freitags und samstags im Wechsel, waren inzwischen so beliebt, dass sie nicht mehr wegzudenken waren und ganz verlässlich, mit gleichbleibend hoher Qualität, stattfinden mussten. Das machte die entscheidende Konstante im Sloggi-Leben aus und gab ihm Halt, sich nicht weiter zu verzetteln.

Zurück in die Stuttgarter Faschingslandschaft, wo der Präsident der Zigeuner wahrlich nicht nur am 11.11. und am Rosenmontag, sondern auch übers Jahr immer wieder zu Beratungen und für organisatorische Entscheidungen präsent sein musste.

Nicht nur seine Büttenreden und sein Geschick fürs Organisieren und zum Motivieren anderer waren gefordert, sondern auch sein Gespür dafür, was die Vereinsmitglieder bzw. das Publikum brauchten, um in Faschingsstimmung zu kommen und über Wochen hinweg zu bleiben.

Eine Hymne brauchten sie in Stuttgart, das empfand er immer deutlicher! Denn wer sich auf Grundlage von Traditionen und einer Legende als Gemeinschaft erleben will, muss emotional erreicht und über alle Sinne angesprochen werden.

Es gibt in Köln eine Musikgruppe, die sich „Höhner" nennt und das Lied „Ich bin ein Räuber" geschrieben und oft gesungen hat. Da Sloggis Liebe zu Köln groß und seine Kontakte zu Friedel und anderen Kölner Narren eng und herzlich geblieben waren, kannte er das Räuber-Lied natürlich gut. So hat er den Text Mitte der 90er Jahre für den eigenen Verein umgeschrieben: Das Zigeunerlied war geboren, das von da an zum Abschluss jeder ihrer Ordensfeste und Prunkfestsitzungen gesungen wurde – von ihm angestimmt, von allen mitgesungen und im gemeinsamen Schunkeln zusammen „gefühlt".

Die Geschichte der Zigeuner Stuttgarts wurde lebendig, aber auch das fehlende Verständnis derer, die nichts vom Fasching wissen wollen, klingt an.

Hier nur ein kleiner Ausschnitt – die erste Strophe und der Refrain des Zigeunerliedes:

Ja es gibt Leute, die uns nicht verstehen,
Die halten den Fasching für ne Plag.
Euch muss ich sagen ihr habt keine Ahnung,
Wir lieben den Fasching, Tag für Tag.

Refrain:
Ich bin ein Zigeuner lebe locker,
Bin ein Zigeuner durch und durch
Ich kann nicht treu sein,
Leb in den Tag rein
Ich bin ein Zigeuner, so ist es halt. Lala lala la la lala lala

Tag für Tag. Jahr für Jahr: BOA und sonstige Partys, seine Aufgaben bei der Gesellschaft Zigeunerinsel, die Moderation der großen TV-Fernseh-Faschings und sein Auftritt im VfB-Stadion:

Eine wunderbare, wirklich heiße Zeit für Werner Franz Emil Find! Aber es standen Einschnitte bevor, die ihn, das gibt er zu, durchaus heftig trafen.

Die Mitteilung, dass er als Stadionsprecher leider nicht länger eingesetzt werden könne, erreichte ihn 2004 völlig überraschend.

„Es war auch der Stil, wie mir die Entscheidungen mitgeteilt wurden – kalt, ohne wirkliche Begründung, ohne Dank ..." Der SWR hatte beim VfB das Rahmenprogramm gekauft und wollte in dieser Rolle nun einen eigenen Rundfunksprecher.

Sloggi war kein ausgebildeter Sprecher, er war ein Quereinsteiger und Autodidakt. Aber die Fans, die Zuschauer, die Aktiven – sie hatten ihn immer verstanden, er hatte ihnen aus den Herzen gesprochen.

Es war nicht so, dass er ins Bodenlose fiel, er hatte in seinen übrigen Jobs genug zu tun und genügend erfolgreiche Auftritte. Und er blieb dem Fußball in Stuttgart, seinem Stammtisch, seinen vielen Freunden beim VfB verbunden. Aber der Abschied von „seinem" Platz mitten auf dem Feld schmerzte doch sehr.

2002 hörte er auch mit der Moderation beim stadtbekannten Wasen-Wirt Walter Weitmann im Fürstenbergzelt auf, wo er 1998 begonnen hatte, den ganzen Abend über bei der Kapelle zu stehen, zu reden und zu singen. „So ähnlich, wie es heute noch Luigi, mein ehemaliger Türsteher und Baron der Zigeunerinsel, als Hofnarr im Hofbräu-Zelt macht", erzählt Sloggi. Weitmann hatte sein Zelt auf dem Wasen aufgeben müssen. Eine traurige, böse Geschichte, die damals auch zu viel Presseerwähnungen und zum Schmutzige-Wäsche-Waschen geführt hatte.

Sloggis Kontakte zu Stuttgarter Hofbräu und besonders zum damaligen Pressesprecher Martin Alber brachten aber interessante Ersatz-Aufträge für ihn. So moderierte er im Hofbräuzelt die erste Bierköniginnen-Wahl – auch das wurde vier Jahre lang ein Highlight im Wasengeschehen. Der freundschaftliche Kontakt zu Martin Alber, der heute Vorstand der Hofbräu AG ist, besteht auch in der Gegenwart fort. Zusammen haben sie noch viele andere Veranstaltungen erfolgreich auf die Beine gestellt.

2004 aber folgte ein zweiter, wirklich schmerzhafter Einschnitt bei dem, was man Karriereträume nennen könnte: Als beim SWR eine neue Intendantin installiert wurde, wollte diese Neue alles neu und anders machen und stellte die bestehenden Unterhaltungsformate in Frage, auch die „Fastnacht an Neckar, Rhein und Bodensee", die in Spitzenzeiten eine Einschaltquote von fünf Millionen Zuschauern gebracht hatte.

Das bedeutete das Ende von Sloggis Auftritten bei den Sendern. Es bedeutete auch das Ende der beliebten Karnevalsübertragungen überhaupt, die nach den Eingriffen einen völlig anderen Charakter hatten und nie mehr so erfolgreich wurden.

Einschnitte, Veränderungen, Abschiede: Dass es seit dem Jahr 2000 eine neue Frau an seiner Seite gab – Elisabeth, wir werden noch mehr von ihr erfahren – die 2003 seine Ehefrau geworden ist und mit der zusammen er nicht nur erst die eine, dann eine andere Wohnung umbaute und bezog, Reisen unternahm und zum Hundebesitzer wurde, ließ diese Einschnitte etwas milder verlaufen.

Auch ganz persönlich hatte Sloggi Abschiede zu verkraften, die ihm an die Nieren gingen. Wolle Kriwanek war 2003 verstorben, an einem Bruch der Brustaorta, vielleicht in Folge einer angeborenen Schwäche.

Und Rudi Sigle, mit dem Sloggi vormals Träume gesponnen hatte, dass sie beide ihre Rentnerabende später zusammen verbringen und nebeneinander auf der Veranda von Rudis Haus in Australien im Schaukelstuhl sitzen würden, war nach dem viel zu frühen Ableben des Freundes schon Ende des Jahrtausends ausgeträumt. Australien blieb Wunschdenken ...

Fasnet an Neckar, Rhein und Bodensee

Tolles Programm bei **Live-Übertragung** der ARD aus dem Graf-Zeppelin-Haus

König Bansah setzt Narretei die Krone auf

800 Narren im Saal und Millionen von Zuschauern vor den Bildschirmen zuhause erlebten gestern Abend ein 135-minütiges Feuerwerk der Narretei live aus dem Graf-Zeppelin-Haus in Friedrichshafen.

VON
GABY KRÄMER

Ein 135 minütiges närrisches Feuerwerk wurde gestern Abend pünktlich um 20.15 Uhr im Graf-Zeppelin-Haus in Friedrichshafen entzündet. 800 Menschen im Saal und Millionen von Zuschauern vor den Bildschirmen verfolgten die Liveübertragung „Fasnacht an Neckar, Rhein und Bodensee". BILDER: ULI LANCÉ

Friedrichshafen – „Gockelores-Kikeriki" ertönte es pünktlich um 20.15 Uhr aus den Mündern von rund 800 Närrinnen und Narren im ausverkauften Graf-Zeppelin-Haus. Zum fünften Mal in Folge sendete die ARD live aus dem Kultur- und Kongresszentrum der Zeppelinstadt ihr Fasnetspektakel, das bereits im letzten Jahr mit rund sechs Millionen Zuschauern der Quotenbrecher war. „Fasnacht an Neckar, Rhein und Bodensee", dieses Feuerwerk der Narretei hielt auch in diesem Jahr, was der Titel versprach. Vor der prächtigen Kulisse des Ludwig-Dürr-Saales gaben Größen aus der regionalen und nationalen Bütt sowie aus dem Showbiz ihr Stelldichein. Mit dabei auch wieder die Klostertaler, die sich, so der Redaktionsleiter des SWR, Gerd Motzkus, mittlerweile zur Hausband etabliert haben.

Als neuer Stern am Fasnetshimmel erglühte König Bansah. Der singende Automechaniker aus Mannheim schraubte mit seiner „African Party" die Stimmung der Narren in die Höhe. Um sich geschart hat der Sänger, der in seinem Heimatland Ghana ein leibhaftiger und wirklicher König ist, acht tanzende Schönheiten aus der Tanzgruppe „X Dreams" aus Oberzell.

Den Fasnetskessel so richtig eingeheizt haben wieder einmal die sechs Jungs aus dem Klostertal. Einige hundert Klostertalerfans im Saal feuerten ihre Idole kräftig an, und bei ihrem Gassenhauer „Ha-Le-Lu-Ja" riss es schließlich die Letzten von den Stühlen. Neu verpflichten konnte Gerd Motzkus in diesem Jahr die zierliche Francine Jordi, die besonders die Männerherzen im Saal höher schlagen ließ.

Was wäre jedoch das schönste Fasnetsspektakel ohne die närrische Bütt! Als einer der ganz Großen dieses Abends erwies sich Kurt Wilhelm als der „Groiner". Exklusiv berichtete er den Zuschauern von seinen telefonischen Abenteuern mit einer „Ruf-mich-an-Mieze". Das politische Geschehen in der Region aufs Korn genommen hat Alfred Heizmann, besser bekannt als „Die Fischerin vom Bodensee". Seit gestern wissen nun Millionen von Zuschauern, dass der Oberbürgermeister der Stadt Friedrichshafen Josef Büchelmeier heißt. „Wie zum Osterhas die Eier, kam diese Stadt zum Büchelmeier", klärte Heizmann das Fernsehvolk auf. „Koi Glück" mit „de Fraue" hat der „Tschorle" alias Werner Böhmer. „Mei Jetzige hab ich über die Zeitung kennengelernt", verrät er. „Zeitung han i jetzt wieder abbschtellt."

Dem Berliner Politgeschehen nahm sich mit gewohnt spitzer Zunge „Till Eulenspiegel" alias Heinz Vetter an. „Ein Drama ist's um LKW und Maut, weil man auf High-Tech nur vertraut, hat Toll-Collect, ganz ungehetzt, Milliarden in den Sand gesetzt."

Die Lachmuskeln strapazierte Rolli Berner mit seiner Handpuppe Igor, der die Elferräte auf der Bühne doch glatt mit der Ausstellung der „Körperwelten" verwechselte.

Ein Augenschmaus waren die in schwarz-rotem Lack gekleideten Damen und Herren von Ernst Voigt und Jennifer Tomkins mit einem Dance Potpourri. Zum festen Inventar der Fernsehsendung gehört auch mittlerweile Werner Find, der, so wie in jedem Jahr, charmant durch das grandiose Fasnetprogramm begleitete. Fazit: zwei vergnügliche Stunden, bevor's mit den „Tagesthemen" wieder ernst im Ersten wurde.

Gestern Abend: **„Fasnacht an Neckar, Rhein und Bodensee"** aufgezeichnet – „Ratschkachel" Werner Böhmer dabei

Fernsehfasnet bringt Publikum zum Kochen

VON
GABY KRÄMER

Friedrichshafen machte seinen Namen als idealer Austragungsort für eine Fasnet-Fernsehsendung gestern Abend wieder einmal alle Ehre: 800 Närrinnen und Narren außer Rand und Band und in atemberaubenden Kostümen, ein Graf-Zeppelin-Haus wie es sich farbenprächtiger nicht hätte präsentieren können und ein Narrenverein „Seegockel" als Gastgeber, der wieder unter Beweis stellte, dass die Narretei den Häflern in die Wiege gelegt wurde, bildeten gestern den glanzvollen Rahmen zur ARD-Fernsehsendung „Fasnacht an Neckar, Rhein und Bodensee". Zum sechsten Mal gastierte das Team des Südwestrundfunks unter der Regie von Gerd Motzkus in Friedrichshafen, zum ersten Mal wurde der Fasnetszauber nicht live gesendet – wegen des gestrigen Auschwitz-Gedenktags. Das tat der Stimmung jedoch keinen Abbruch. „Mit Kikeriki in die Galaxie" lautete das Motto – mit Höchstgeschwindigkeit wurde das Publikum genau dorthin katapultiert.

Da staunten die Gäste nicht schlecht, was Bauchredner Roli Berner aus der Schweiz so alles weiß: Als Supermann sei er mit Handpuppe Igor nach Friedrichshafen eingeflogen. Vor lauter Rotlicht über der Stadt habe das Flugzeug die Landebahn fast nicht gefunden. „Das Rotlicht-Milieu in Friedrichshafen ist bemerkenswert, da sieht man Leute, die man dort besser nicht sehen sollte – den Elferrat", so Roli zu Igor.

Als hätten sie es geahnt: Noch bevor die „Klostertaler" die Bühne betraten, tobten hunderte Fans im Saal. Für die Fangemeinde hatten Markus und Konsorten eine Überraschung: Zum ersten Mal präsentierten die Jungs aus dem Klostertal ihren brandneuen Song „Skifahr'n". Nur mit dem Versprechen, dass sie nochmals wiederkommen, konnte der Raumfahrtkapitän dieser Nacht, Werner Find, die Fans besänftigen. „Frau Wäber" kramte mit Hilfe der Oberzeller Tanzformation „X-Dreams" den alten Holzmichel hervor, italienische Gassenhauer kamen über Maja Brunners Lippen.

Eine Glanzleistung legte der Büttel des Narrenvereins „Seegockel", Werner Böhmer, hin. Als „Ratschkachel" gewährte er Einblicke in sein tristes Eheleben. „So schöne Männer im Saal und i han so an Gruscht dahoim sitze." Für 55 Jahre in der Bütt wurde der „Groiner" (Kurt Wilhelm) geehrt. Mit gewohnt spitzer Zunge kommentierte der Dietmannsrieder Till Eulenspiegel das politische Geschehen und das Glitzerleben: „200 Seiten hat die Biografie von Boris Becker, welch ein Jammer, für vier Sekunden Besenkammer." Nicht weniger frech erwies sich der „Karle mit der Tuba": „Unsere CDU am Bodensee lebt friedlich und ist auf der Höh', in Stuttgart ist's ein anderer Brauch, da hauet die sich gegenseitig auf d'Schnorre drauf."

Zu den Ganzlichtern des närrischen Fernsehabends gehörte auch wieder Alfred Heizmann als „Fischerin vom Bodensee" aus Konstanz.

„Das Erste" sendet „Fasnacht an Neckar, Rhein und Bodensee" am Montag, 31. Januar, um 20.15 Uhr.

Fernsehfasnet: Aufgezeichnet wurde gestern Abend das närrische Spektakel, bei dem auch Werner Böhmer (kleines Bild) aus Friedrichshafen auftritt. BILD: LANCÉ

Bierkönigin-Wahl im Hofbräuzelt

Werner Find, Präsident der Zigeunerinsel, kann sich freuen. 4,39 Millionen (Marktanteil 13,1 Prozent) haben „Fasnacht an Neckar, Rhein und Bodensee", von dem Stuttgarter in der ARD moderiert, gesehen. Können Millionen irren?

20.15 Für Saarland und Baden-Württemberg

Stuttgarter Fasnet 1993

Gute Laune ist angesagt bei der großen Prunksitzung der Karnevalsgesellschaft Zigeunerinsel. Werner Find (M.) führt durchs abwechslungsreiche Programm. – **150 Min.**

Interessante Begegnung in New York

12 Man plant, plant und plant – und dann beginnt das Leben

Sloggi war in seinen Fünfzigern angekommen, hatte viel erreicht und viel erlebt, war immer „mittendrin" in Stuttgart, auch wenn es hin und wieder zu Auftritten in anderen Städten kam. Stuttgart war sein Lebens- und Wirkungsmittelpunkt – wegen seiner Bekanntheit hier und auch deshalb, weil seine Sprache, seine Art Humor hier auf „Kundige" traf, auf Kundige der Szene und des schwäbischen Dialekts, den er in mehreren Zungenschlägen beherrscht.

Sein Äußeres, also die Optik des Werner Find in seiner fünften und sechsten Lebensdekade, ist in zahllosen Fotos festgehalten, die ihn allerdings meist in glänzenden Jacketts und nach vorheriger Maske zeigen. Privat bzw. als Geschäftsführer war er kein Anzugtyp. Und eitel ist er eigentlich auch nicht. Aber auf gut geschnittene Markenjeans und hochwertige Pullover, gern aus Kaschmir und mit Rollkragen, legt er Wert.

Und kleinere Eigenheiten hatte er hinsichtlich der eigenen Optik natürlich auch vorzuweisen: „Da mein Halbbruder schon mit 18 Jahren im Besitz einer Vollglatze war, hatte ich immer die Angst, ich würde auch eine bekommen. Deshalb wohl bin irgendwie mit einer Frisuren- und Haarphobie ausgestattet. Schon an meiner Schule war ich der erste ‚Beatle', und später habe ich Dauerwelle und Minipli ausprobiert. – Ich wollte und will zwar immer adrett gekleidet sein, aber Statussymbole sind mir überhaupt nicht wichtig."

Seine kultigen Python-Stiefel übrigens stehen noch heute im Keller. Schuhe und Stiefel haben ja den großen Vorteil, dass sie, im Gegensatz zu Hosen, in der Regel nicht zu eng werden.

2000 wurde zu dem Jahr, in dem Elisabeth in sein Leben trat, die von ihm, sich selbst und von Bekannten nur Elli genannt wird. Seit 2003 sind die beiden verheiratet. Bei ihrer Hochzeit in Las Vegas war auch Ellis damals noch kleiner Sohn Denis mit dabei.

Ich habe auch mit ihr mehrfach gesprochen und bin dabei zu der festen Überzeugung gelangt, dass in Sloggis Biographie in einer Kurzfassung unbedingt auch Ellis Biographie gehört. Denn die beiden, inzwischen immerhin schon 20 Jahre zusammen, sind derart unterschiedlich, teilweise sogar völlig gegensätzlich, dass der Einfluss dieser eigensinnig-eigenwilligen Frau auf Sloggis Leben nicht unter den Tisch fallen kann.

Kennengelernt haben sich Elli und Sloggi im „Ballhaus", dem Tanzlokal, das Werner im Jahr zuvor mit seinem Geschäftspartner Maurice eröffnet hatte und in das vorwiegend ältere Leute gingen.

Elli betrat es zusammen mit ihrer Mutter, die genauso leidenschaftlich gern tanzte wie sie. Sloggi stand in der Nähe der Tür, so dass sie ihn erst für den Türsteher hielten.

„Sieht nicht schlecht aus!", hat Elli damals zu ihrer Mutter gesagt – so hat sie mir erzählt.

Sloggi wiederum berichtet, dass ihm diese schöne Frau von der ersten Minute an aufgefallen war. Als Tänzer konnte er die Schöne im Verlaufe des weiteren Abends zwar nicht beeindrucken, aber er war präsent, aufmerksam und sprach, mutig geworden, schließlich aus, dass sie sich ja vielleicht wiedersehen könnten.

Elli hatte Lust dazu, denn ihr Leben als alleinerziehende Mutter mit zwei Arbeitsstellen bot in der Regel wenig Vergnügungen und Abwechslungen. Und dieser charmante Typ war zuvorkommend, nett – und offensichtlich auch gar nicht der Türsteher, sondern selbst ein Gast? Oder einer, der mit dem Chef des Ballhauses zu tun hatte?

Als das Taxi für sie und die Mutter kam, waren sie jedenfalls verabredet.

Elli arbeitete damals beim Regierungspräsidium und zusätzlich, vor allem samstags, in der Markthalle am Fischstand. Wenn sie trotz ihrer zwei Jobs mal ausgehen wollte, musste das gut organisiert sein. Ihr Sohn Denis aus erster Ehe, 1993 geboren, war nachmittags im Hort und kam danach zu Elli in die Markthalle, wenn sie dort im Verkauf war. Er war es ja nicht anders gewöhnt, als dass seine Mutter unablässig arbeitete. Das tat sie, um die eigene Wohnung, ihr Auto und die wichtigsten Alltagsbedürfnisse ihrer Minifamilie finanzieren zu können.

Die Oma jedoch sprang ab und zu ein, wenn Elisabeth samstags sehr früh in die Markthalle musste. Dann konnte die Tochter den Sohn schon am Freitagabend zu ihr bringen – und hatte einen Abend mal nur für sich.

Es gab dann jenen zweiten Abend im Stuttgarter Ballhaus, zu dem Sloggi Elli eingeladen hatte und zu dem sie ihre Freundin Gabi mitbrachte. Sie mussten weder anstehen noch Eintritt bezahlen an diesem Abend – wie gut, wenn man „den Türsteher“ kannte.

Als Elli und Sloggi nebeneinander an der Bar standen, Drinks bestellten und Sloggi sie fragte, ob's ihrer Freundin, die gerade tanzte, denn gefalle, verstand Elli allmählich, dass er der Besitzer war. Denn alle kannten ihn, und er kümmerte sich von der Bar aus wie nebenbei immer mal wieder um dieses oder jenes, was im Lokal zu regeln war. Dass er Chef war und trotzdem so bescheiden auftrat – das gefiel Elli sehr.

Am Samstagmorgen tauchte er dann sogar bei ihr in der Markthalle auf, sah, wie hart sie arbeiten musste, aß eine Scholle und wartete geduldig, bis sie ihre Arbeit für diesen Tag beendet hatte.

Auch im Regierungspräsidium holte er sie nun immer öfter mal von der Arbeit ab, lud sie zum Essen ein und sorgte dafür, dass sie ein, zwei ruhige Stunden hatte, bevor sie sich zuhause um Denis und den Haushalt kümmern musste. Zum ersten Mal in ihrem Leben gab es jemanden, der sich um sie sorgte, ihr zuhörte und auch von sich selbst erzählte.

Von diesem Punkt der Geschichte aus ist gut vorstellbar, dass Elli und Sloggi immer mehr Anteil am Leben des anderen bekamen und 2003 die Entscheidung zur Hochzeit fiel. Danach bauten sie ein halbes Jahr ihre Wohnung in der Markelstraße um und aus – eine Zeit, in der das praktische Geschick der Elisabeth Find besonders zum Einsatz kam.

Aber ein „Und von da an lebten sie glücklich und zufrieden“ wird es an dieser Stelle nicht geben. So leicht ist es mit Hochzeit und Happy End im wirklichen Leben nun mal nicht. Und wenn man mehr von der Herkunft und den Prägungen Elisabeths weiß, kann man sich gut vorstellen, dass sie mit ihren Eigenheiten ähnlich heftig in Sloggis Leben hineingewirbelt ist, wie auch er – als Partymacher, Stadionsprecher, Präsident der Zigeunerinsel und „Nicht-Familienmensch“ – das ihre beeinflusst hat.

Ellis Werdegang hat besonders viel mit ihrer aus Italien stammenden Mutter zu tun, die bis heute für Elli ein großes Vorbild für Selbstbehauptung, Tüchtigkeit und Stärke geblieben ist, obwohl – und weil? – sie ihre beiden Töchter zu viel Lebenstüchtigkeit, Bodenständigkeit und Selbstbestimmtheit erzogen hat.

Elli war 14 gewesen, als der neue Mann der Mutter, Erich, ins Leben ihrer Familie getreten ist. Er war Betriebsrat bei Daimler und ein gebildeter, kluger Mann, zu dem die Mutter aufgeschaut hat. „Die Parallelen im Leben von meiner Mutter und in meinem sind erstaunlich! Ihr Erich und mein Werner – die sind das gleiche Sternzeichen, sind belesen und an Politik und Kunst interessiert, aber keine Prahler. Mutter und ich dagegen verstehen uns auf alles Praktische, packen geschickt zu und sind sehr bodenständig. Der Clou aber ist: Mutter und Erich haben sich ebenso beim Tanzen kennen gelernt, wie Werner und ich“, erzählt Elli im Gespräch.

Die Parallelen zum Leben und zur Persönlichkeit der Mutter sind auch ansonsten gegeben. „Beide sind eigensinnig und große Kämpferinnen!", bringt es Sloggi auf den Punkt.

Elli mochte die raue, aber herzlich-kollegiale Atmosphäre in der Markthalle ebenso wie die Aufgaben im Regierungspräsidium, welche schnelle, akkurate Erledigung erforderten. Viele Jahre lang hatte sie der Mutter, den wenigen Angehörigen und Freunden und sich selbst mit gleich zwei Jobs überzeugend beweisen können, wie gut sie sich aufs Zähne-zusammen-Beißen und Für-sich-selbst-Sorgen verstand. Vergnügungen wie beispielsweise so ein Abend im Ballhaus waren in diesem harten Leben selten vorgekommen.

Da sind wir nun wieder – an jenem schicksalshaften Abend, an dem sich Sloggi und Elli das erste Mal über den Weg gelaufen sind.

Dem Rückblick bis hierher möchte ich noch hinzufügen: Elli war zufrieden gewesen mit ihrem Leben, sie war stolz auf das, was sie daraus gemacht hatte, vor allem aber darauf, dass sie sich aus früheren Phasen rechtzeitig befreit hatte. Frei zu sein und selbst zu entscheiden – sie braucht es bis heute.

Gewünscht hatte sie sich in ihrem früheren Leben allerdings ab und zu, dass da ein Mann sein möge, der um 17 Uhr von der Arbeit kam und dann für sie da wäre.

Sloggi, das sei gleich gesagt, war um 17 Uhr höchst selten da. Oft kam er erst spätnachts oder gar am frühen Morgen nach Hause und brauchte dann auch logischerweise viel Zeit für sich selbst und für die Vorbereitungen der nächsten Events.

Das ist ein guter Teil der Erklärung, warum er und Elli es zwar meistens schön, aber nicht immer leicht miteinander haben – zwei so völlig unterschiedliche Menschen, deren Liebe zu ihren Hunden vielleicht der größte gemeinsame Nenner ist.

Sie bewohnen seit ein paar Jahren auch zwei unterschiedliche Wohnungen, die allerdings fußläufig nah beieinander liegen. „Hat sich so ergeben, weil ich Elli, wenn ich frühmorgens aus der BOA kam, nicht immer stören wollte. Sie musste ja morgens pünktlich in ihr Amt", sagt Sloggi.

Die Umzugs-Rallye, die sich schon seit den 70er Jahren durch sein Leben zog, ging mit Ellis Auftauchen weiter, konzentrierte sich nun aber stärker auf den Stuttgarter Westen. Erst zogen sie in die Schenkendorfstraße, 2005 dann in die Markelstraße.

In der Wohnung in der Markelstraße wohnt Sloggi bis heute, während Elisabeth 2008 in die Breitscheidstraße zog, wo sie es, für ihre Wünsche, noch viel besser getroffen hat.

Und auch Sloggi ist zufrieden. „Seitdem ich mal im Knappenweg gewohnt habe, ist für mich eine schöne Aussicht besonders wichtig. Und die hab ich hier!", erzählt er über seine heutige Wohnung.

Inzwischen ist es eine Selbstverständlichkeit für sie beide geworden, dass jeder sein Reich hat, sie sich aber regelmäßig sehen, gemeinsam spazieren, einkaufen, essen gehen und die eine oder andere Veranstaltung zusammen besuchen.

Das jedoch ist ein Thema, bei dem nun doch eher Unterschiede betont werden müssen. Elli würde nach wie vor gerne tanzen gehen, während Sloggi, sofern er selbst nicht als Veranstalter aktiv ist, der Sinn nach Konzerten, Vorträgen oder Theaterabenden steht.

Aber man kann mit den beiden – am besten einzeln – auch gut darüber sprechen, wie es mit Unterschieden, Gemeinsamkeiten und Übereinstimmungen in ihrer so besonderen Partnerschaft aussieht. Dann ergibt sich: Eine Ehe kann auch funktionieren, wenn es zwar eine Menge Unterschiede, aber eben auch sehr viel Zuneigung und Verlässlichkeit füreinander gibt. Es braucht dann ein gutes Arrangement, damit beider Bedürfnisse und Eigenheiten genügend Raum haben. Zwei Wohnungen zum Beispiel. In ihrem Fall ist es nun mal so, dass sie sich zu einem Zeitpunkt über den Weg gelaufen sind, als der eine jahre- und jahrzehntelang schon dies, der andere ähnlich lange aber jenes erlebt und verarbeitet hatte, woraus sich Wünsche und Lebenseinstellungen ergeben. Man kann und muss damit umgehen.Und ist trotzdem füreinander da!

In einer Zeit, als für Sloggi erst seine Rolle im Stadion und zwei Jahre später die Moderationen bei S3 und in der ARD ein unvermutetes Ende fanden, war es sehr wichtig für ihn, dass Elli da war, wenn er seine Enttäuschungen aussprechen musste. Und für sie war es sehr hilfreich, dass Werner, der doch kein Familienmensch ist, ihre Sorgen teilte und sie manchmal einfach nur auf andere Gedanken brachte.

Nicht nur zwei Wohnungen gehören ihnen, sondern auch zwei Hunde. Diese beiden, der Rüde Bobby und das Mädchen Angie, sind allerdings nur im Doppelpack zu haben und gehören ganz klar ihnen beiden.

Sloggi und Haustiere – wie das?, fragt man sich an dieser Stelle. Denn er hatte sich früher doch immer kritisch zu diesem Thema geäußert.

Schon kurze Zeit nach ihrer Hochzeit hatte Elli ihm offenbart, dass sie gern einen kleinen Hund hätte. Sloggi war so oft nicht da, da würde ihr ein Hündchen als kleiner Gefährte so gut tun!

Obwohl Sloggi als Kind, in den Ferienzeiten in Bayern, ja freundschaftlichen Kontakt zu Lady, dem Hund seiner Tante gehabt hatte, war er in den bewegten Jahrzehnten als Partymacher immer mehr zur Überzeugung gelangt, dass sich ein Haustier mit seiner intensiven Berufstätigkeit nie und nimmer vertrüge. Andererseits: Er war der mit dem großen G auf der Stirn, und Elli konnte so überzeugend appellieren. Jedenfalls fand ihr Wunsch Gehör bei ihm und sie kamen zu ihrem ersten kleinen Malteser Picco. Werner entdeckte sehr schnell, dass so ein kleines Lebewesen Glücksgefühle in einem Menschen erwecken und auch wunderbar trösten konnte, wenn der Alltag mit Ärgernissen wartete. Der kleine Kerl tat ihnen beiden gut! „Auch Werner wurde innerhalb kürzester Zeit zum Hundefreund!“, erzählte mir Elli.

Sie hatte mir schon bei unserem ersten Zusammentreffen kategorisch erklärt, dass sie niemals Sloggi zu Werner gesagt hat und dies auch künftig nie tun werde, sollten auch alle anderen ihren Mann so nennen. „Ein erwachsener Mensch und dann Sloggi – das kommt mir nicht über die Zunge!“ betont sie und sagt etwas, was sie in unseren Gesprächen mehrfach wiederholt: „I bin halt so, wie i bin!“

Ihr Schwäbisch zum einen, ihr italienisches Aussehen zum anderen und ihre entwaffnende Lebhaftigkeit und Direktheit zum dritten – sie ist nicht nur eine attraktive, sondern auch eindrucksvolle Person, besonders dann, wenn sie anschaulich und unverstellt erzählt:

„Ich hab nie leide kenna, wenn mi d'Leit bei der Zigeunerinsel mit ‚Grüß Gott, Frau Präsidentin' begrüßt henn. I bin d' Elli, heb i denna gsagt!'“

Ihr ICH zu behalten und sich selbst treu zu bleiben sei ihr immer wichtig gewesen; gerade, weil sie nach 2000 öfter nur als „Frau vom Sloggi“ gesehen und angesprochen worden sei. „Ich bin doch auch selbst wer! Und dass ich einen so bekannten Mann hab, macht mich doch nicht zum Beiwerk!“ Für mich ist gut vorstellbar, dass sie, eine attraktive, gepflegte Frau, von vornherein gegen die Vermutungen aufbegehren musste, nur das gut aussehende und 13 Jahre jüngere „Schmuckstück“ einer stadtbekannten Persönlichkeit zu sein. Wahrscheinlich ist sie mit ihrem Temperament ab und zu recht deutlich geworden. „I bin i! I bin auch wer!“, erklärt sie im Gespräch mehrfach, und wenn man mehr von ihrer Lebensgeschichte weiß, gibt man ihr Recht.

Zwar ist sie nicht stadtbekannt wie ihr Mann, aber was sie in ihrer Kindheit und als junge Frau erlebt und wie sie schwierige Herausforderungen ganz allein bewältigt hat – Hut ab!

Dass sie im Leben als Frau Find nun aber trotzdem n i c h t (nur um den Anschein eines schmückenden Beiwerks zu vermeiden) in langweilig-brave Kleidung schlüpft und ungeschminkt zu Veranstaltungen und Partys kommt, passt gut zu ihr. Denn das wäre Verstellung! Und Verstellung kann sie gar nicht leiden!

„Man muss dazu stehen, wer man ist, was man mag und was man nicht mag!", sagt Elisabeth Find temperamentvoll.

Sie mag ihr Leben wie es jetzt ist, mag ihren Mann, ihren Sohn, die beiden Hunde, ihre Wohnung und erholsame Urlaube in sonnigen Gegenden. Sie kümmert sich um die Mutter, die nach dem Tod ihres Ehemanns im März 2020 jetzt alleine lebt.

Mit Denis zusammen hat Elli im letzten Jahr sogar ihren Tauchschein gemacht.

Und sie ist sich nicht zu schade, in dem Haus, in dem ihre Wohnung liegt, mit für Ordnung und nötige Reparaturen, auch für Erledigungen in der Hausverwaltung und im Gemeinschaftsgarten zu sorgen, nimmt dafür auch gern mal selbst ein Werkzeug in die Hand. Aber sie steht auch dazu, dass sie Mode und schöne Schuhe mag. Wie einst die Mutter!

„Und wie ist es mit Fasching, der BOA und überhaupt den Partys?" frage ich nach, und will auch wissen, ob sie mit ihrer Tatkraft und Kontaktfreudigkeit denn nie überlegt hat, an der Seite ihres Mannes mit in der Gastronomie einzusteigen.

„Ne", sagt sie entschieden. „Er ist viel zu gutmütig und macht die Dinge auf seine Weise. Das hätte nicht gepasst, da hätten wir sofort gestritten!"

Hochzeit 2003

In Dubai

Sloggi posiert vor Sloggis

Wer ist der Schönste?

Bobby

Angie

13 Herzensangelegenheiten

Mit Elli zu leben, nun recht regelmäßig auch mit ihrem Sohn und ihren Eltern zu tun zu haben und mit mal mehr, mal weniger Erfolg zu versuchen, den Kontakt zu seiner Tochter Jennifer zu verbessern – das machte Sloggi weicher, aber manchmal auch angespannter. Er wollte sich ja mehr kümmern, Familiäres ernster nehmen und besser beherrschen! Denn auch er merkte ja, was gute Beziehungen zu vertrauten Menschen für ein Kraftquell sein können, wenn es berufliche Ärgernisse gab.

Doch in seinem Alltag als Partymacher kam es dann doch immer wieder dazu, dass er sich lieber um die Lösung logistischer Probleme für eine bevorstehende Veranstaltung kümmerte, als sich mit jemandem aus der Familie oder dem engeren Freundeskreis hinzusetzen, um über Kränkungen, Verstimmungen oder Erwartungen zu reden, die ein Gegenüber beschäftigten. Er selbst war doch das beste Beispiel: man musste über Empfindungen nicht groß reden, wenn es doch immer auch genügend Rationales zu klären gab!

Vielleicht war da schon die leise Ahnung in ihm, dass es in seinem Leben bald Umbrüche geben würde? Er ging schon ein bisschen auf die 60 zu. Und die ganz große Zeit als Tausendsassa lag wahrscheinlich spätestens mit 60 hinter einem.

Diese leise Ahnung nagte an ihm, ohne dass er es merkte oder sich eingestand.

Er genoss umso mehr jede neue Anfrage, jede Möglichkeit, an ein Mikrophon zu treten. Dabei waren es mittlerweile zu viele lange Nächte, zu viel Verantwortung, zu wenig Pausen! Und auch Enttäuschungen und Ernüchterungen gab es zu verarbeiten und zu verkraften. Er verdrängte sie eher.

Der Krug geht so lange zum Brunnen, bis er bricht. Noch war es nicht so weit. Noch schienen alle seine Unternehmungen erfolgreich und dynamisch zu verlaufen. Wo sollten da Risiken liegen?

Dass er 1989 die restlichen Anteile der BOA GmbH erworben hatte, sieht Sloggi von heute aus als richtige, konsequente Entscheidung an, auch wenn seine finanzielle Situation damals nicht ohne Risiken war. „War ja nicht eben ein Klacks, was ich da an Mitteln aufbieten musste ...", sagt er rückblickend.

Immerhin hatte sich aus der Alleininhaberschaft über die BOA mehr Entscheidungsfreiheit sowohl in beruflicher Hinsicht als auch für den Erwerb der Immobilien ergeben, die er, das wurde schon beschrieben, je nach Partnerschaftsstatus mal hier, dann dort erwarb – und wieder veräußerte. Da er als Chef sehr großzügig war und seinen Mitarbeitern vergleichsweise gute Gehälter zahlte, sahen die Bilanzen mancher Geschäftsjahre zwar nicht gerade rosig aus, aber das stete Festhalten an dem, was von Anfang an s e i n BOA-Konzept gewesen war, sowie hartnäckig-nachhaltige Korrekturen an Entwicklungen, die sich zwischendurch eingeschlichen hatten, zahlten sich am Ende doch aus.

Aber es war eine Unmenge an Zeit, Energie und Kraft, die jahrzehntelang in diese ganz besondere Location geflossen war – parallel zu dem Beiprogramm, bei dem er auf vielen anderen Hochzeiten tanzte. Es blieb auch nach dem Ende der Stadionsprecherzeit dabei, dass ihn, wie von unsichtbarer Hand gelenkt, sofort neue Verpflichtungen „heimsuchten", wenn sich andere erledigt hatten.

Diese „unsichtbare Hand" war in seinem Fall allerdings klar auszumachen: Es war seine eigene Umtriebigkeit, die täglich neu entstehenden Kontakte, seine Offenheit für Ideen und Zufälle sowie die unverminderte Lust daran, im Partybereich Neues auszuprobieren. Es gehörte – und gehört wohl noch immer! – zu Sloggis Natur, sich selbst zu treiben, umzuhören und umzutun, was sich als nächstes initiieren ließe. Niemand und nichts sonst zwang und zwingt ihn dazu! Denn schließlich – persönlich ging es ihm und Elli inzwischen gut. Sie würden auch im Alter ein gesichertes Auskommen haben, das stand schon in den ersten Jahren ihrer Ehe weitgehend fest.

Was also trieb ihn an? Der Ehrgeiz?

„Ja...", antwortete Sloggi, aber dann denkt er nach. „Was heißt schon Ehrgeiz... Erfolg haben und beliebt sein – das hat mir was bedeutet." Aber das Ausgehverhalten und das Publikum veränderten sich weiter, er und das Team mussten am Ball bleiben und noch mehr für die BOA kämpfen. Zwar blieben ihrer Schlange die Stammgäste treu, aber es wurde fast monatlich schwieriger, auch neue, jüngere Zielgruppen zu erreichen.

Manch Berater hätte wahrscheinlich empfohlen, alles ganz schnell ganz anders zu machen, zeitgemäßer und „cooler“ vielleicht.

Aber Sloggi brauchte keine Berater. Die BOA am Leben zu erhalten, dem grundlegenden Konzept treu zu bleiben und Freude mit seiner Schlange zu haben – das war ihm verdammt wichtig. Es galt umso mehr, noch genauer hinzusehen, wie und welche Veranstaltungen besonders ankamen; und natürlich musste er auch kritisch analysieren, ob sie sich rechneten.

Kleine, feine ebenso wie große Höhepunkte markierten auch die nächsten Jahre im Partybetrieb. Da in Stuttgart ständig Discos kamen und gingen, lebte die BOA von ihrer Kontinuität, blieb eine angesagte Adresse, weil hier Stammgäste, Neugierige und nach wie vor Prominente hingingen. Diese Mischung funktionierte zum Glück weiterhin.

Zur Fußball-WM 2006 kam die komplette deutsche Nationalmannschaft in die BOA, was Sloggi Jürgen Klinsmann und Jögi Löw zu verdanken hatte. Leider war das Handyfotografieren im VIP-Bereich schon damals so zur Unsitte geworden, dass die Spieler nicht allzu lange blieben.

Am 13.1. 2007 feierte die BOA ihren 30. Geburtstag – taggenau in kleiner Runde im Lokal, aber für die eigentliche Party suchte Sloggi eine Räumlichkeit, in der Hunderte mitfeiern konnten. Und natürlich musste eine Live-Band her.

Schon längere Zeit hatte er gute Kontakte zum Hotel Maritim. So kam ihm die Idee, die Party in der Alten Reithalle zu machen, die zum Hotel gehörte. Er musste nur den damaligen Direktor, Herrn Cielslewicz, davon überzeugen. Da aber auch der früher ein BOA-Gast gewesen war, klappte es mit dem Zuschlag schnell.

Sloggi kümmerte sich um sämtliche Anschriften ehemaliger und aktueller Gäste (was heute möglicherweise ein Datenschutzvergehen sein könnte!) und lud sie – mit 800 handschriftlich couvertierten Briefen – alle persönlich ein. Das muss man erst mal wollen ... und dann auch durchziehen! Der Erfolg gab ihm Recht, denn der Ansturm zur Party war gewaltig. Auch viele Prominente aus Sport und Politik ließen es sich nicht nehmen, dieser besonderen Einladung zu folgen, so Günther und Inken Oettinger, Hansi Müller, der damalige Bürgermeister Föll oder der Backnanger OB Frank Nopper.

Sloggis Idee einer so persönlichen Einladung zur Geburtstagsfeier der BOA bewährt sich im Übrigen bis heute, wo das gesamte Kundenmanagement von Unternehmen üblicherweise auf hochprofessionell und voll digitalisierte Abwicklungen umgestellt ist. Die BOA und dieser Schlangenmann Sloggi – man könnte sie manchmal auch als zwei ein wenig aus der Zeit gefallene Reptilien betrachten! Und egal wie aufwendig die Organisation eines Events im Vorfeld wieder gewesen war – während der Veranstaltung selbst merkte man dem BOA-Chef nichts mehr davon an, er ging gut gelaunt auf Leute zu und freute sich auf Gespräche oder auf seine erste Rede.

„Ohne die zahllosen Auftritte bei Karnevalsveranstaltungen seit 1977 hätte ich die Lockerheit dafür vielleicht nie erworben ...", blickt er auf seinen Werdegang zurück. Vom Clown zum Baron, zum Präsidenten, zum Sprecher, Büttenredner und Moderator – so könnte man den „Qualifizierungspfad" zur Rampensau kurzfassen.

Auf diesen Begriff hat es 2007 eine bekannte Größe der Narrenszene gebracht, nämlich der Kommandant der „Altneihauser Feuerwehrkapell'n" aus Franken, Norbert Neugirg. In einer kleinen Laudatio bei der Prunkfestsitzung der Zigeunerinsel in der Liederhalle trug er auf witzig-pfiffige Weise vor, was er vom „Kollegen" Werner Find hielt:

Der Württemberger ist bescheiden
und er ist bereit zu leiden,
weil er völlig unverschuldet
die Sitzungen erduldet,
in denen Find als Präsident
und Moderator darauf brennt,
die ihm ausgelieferten Gestalten
mit langen Sätzen wach zu halten.

Werner Find führt durchs Programm,
weil's hierzuland' kein' ander'n ham,

11 Jahre war er Stadionsprecher
und war der VfB mal schwächer
und hat dem Find nichts ausbezahlt,
dann hat der gute Find sich halt
vor seiner Diskothek beschwingt
als Türsteher verdingt.

Noch heut' verklopft er die Getränke
in seiner Boa-Flaschenschenke
und dank diesem 30 Jahre alten
Laden hat sich Find gehalten.

Der Effekt ist nebenbei:
Er hat Zeit für Laberei,
so dass er jährlich ungerührt,
wo man ihn lässt, auch moderiert.

Der Find steht gern im Rampenlicht
und hört am liebsten, wenn Find spricht.
In Bayern sagt man punktgenau:
Der Mann ist eine Rampensau!

Die „Rampensau" war auch noch immer für Überraschungen gut, die zu neuen Höhen führten. Konkret zu nennen wäre hier: ein Dach!

2009 hatte sich aus einem Brainstorming in der BOA, zu dem die Porsche-Eventleiterin Anne Dungelhoeff erschienen war, eine besondere Party-Idee entwickelt: die Porsche-Roof-Top-Party.

Im Vorfeld hatte Anne Dungelhoeff eher an eine After-Work-Party gedacht, mit der sich der weltbekannte Autobauer auch als Veranstalter eines Sommer-Events ins Gespräch bringen könnte. Aber sehr schnell war sie überzeugt: Zusammen mit dem BOA-Team konnte diese Party auf dem Dach etwas ganz Besonderes werden!

Am ersten Juli-Wochenende war es dann so weit – im Porsche-Kongresszentrum und auf der dort angrenzenden Dachterrasse konnte gefeiert werden:

Ein Dach als Dance-Floor, von dem aus der Blick in heißen Juli-Nächten über die Dächer Zuffenhausens reichte. Zwei so bekannte „Marken“ wie Porsche und BOA sorgten mit aparten Design- und Programm-Ideen auf ungewöhnliche Weise für eine herausragende Sommernachts-Party. Die 800 Karten waren schnell ausverkauft, und da war dann auch schnell entschieden, dass aus der Erstauflage eine Serie werden sollte. Eine solche entwickelte sich daraus dann auch!

2009 reagierten ein paar Stuttgarter Event-Veranstalter auf diesen gelungenen Coup mit Porsche ein wenig neidisch. Hinter vorgehaltener Hand hieß es mancherorts: „Wie hat der Find das nur wieder hingekriegt?“

Ein kleiner Vorgriff: Die Porsche-Roof-Top-Party konnte 2019 bereits zum 10. Mal gefeiert werden. Das Jubiläum wartete mit kleinen Überraschungen und einer Jubiläums-CD für die Gäste auf und traf, wie ihre Vorgänger, auf viel Resonanz im gesamten Stuttgarter Raum.

Das Jahr 2010 brachte für Sloggi eine schwierige Entscheidung mit sich:

Das Amt des Präsidenten der Zigeunerinsel genau zum 100-jährigen Jubiläum der Gesellschaft abzugeben fiel ihm wahrlich nicht leicht. Aber nach 20 Jahren als Präsident war es an der Zeit, einem Nachfolger Platz zu machen! Leute, die an ihrem Amt kleben und sich nicht vorstellen können, dass mit einem Jüngeren auch neue

Ideen und Wege möglich werden und keiner die einzig-richtige Strategie gepachtet hat, sind einem ja nicht nur in der Politik, sondern auch in der Wirtschaft und in der Vereinsführung ein Gräuel. Zu denen wollte Sloggi nie gerechnet werden. Zu spät zu gehen, wenn ringsum alle schon lange auf diese Entscheidung warten, ist schwerwiegender als zu früh zu gehen!

Auch wenn dann vielleicht ein paar Sachen unerledigt bleiben.

Seine Bilanz für 20 Jahre Präsident der GZ konnte sich sehen lassen: Als er die Gesellschaft übernommen hatte, war sie finanziell schlecht aufgestellt gewesen. 2010 jedoch stand sie auf gesunden Füßen, ihr gehörte inzwischen sogar ein eigenes Vereinsheim im Stuttgarter Westen. Als Ehrenpräsident, das wurde schon 2010 beschlossen, würde er auch weiterhin, beratend und in der Ideenfindung, in wichtige Belange einbezogen bleiben.

Trotzdem – eine gewisse Melancholie, dass das ganz Große und Großartige nun hinter ihm lag und alles Neue, Kommende wohl ein paar Nummern kleiner sein würde, saß damals tief in seiner Brust und schien das Atmen manchmal schwer zu machen.

Er war zu rational, um sich aus lauter Ehrgeiz und Geltungsdrang in andere Abenteuer zu stürzen oder gar einen beruflichen Neuanfang zu wagen, wusste aber gleichzeitig, dass er den Problemen in seinem Inneren, die mit dem Bewusstsein der „Zenitüberschreitung“ in der eigenen Lebensbahn zu tun hatten, nicht so ohne Weiteres entgehen würde. Vielleicht kamen das Umtriebige und Ruhelose, das er an sich bemerkte, allein aus der Angst, wie es mit ihm denn weitergehen würde. Mehr Ruhe, gar Stillstand im Alltag als Partymacher – an dem sein Herz doch so hing?

„Da wäre ich noch stärker gefährdet gewesen!", sagt Sloggi mit Bestimmtheit.

„Depression? Schwermut?" frage ich nach.

Da aber schüttelt er den Kopf. Nein, dazu sei er zum Glück nicht veranlagt. „Traurigkeit und ein Gefühl von Leere aber meldeten sich plötzlich immer öfter, auch eine gewisse Antriebslosigkeit. Mit viel Ruhe und Freizeit umzugehen – da hatte ich halt noch wenig Erfahrung mit mir."

Klar, es gab Elli, es gab Freunde, kulturelle Interessen und immer wieder Reisen. Und es gab es in ihrem Alltag seit etlichen Jahren ja auch ihren Picco, der auf Liebkosungen und Spaziergänge wartete.

Aber wenn man sein Herz erst mal an so einen kleinen Gefährten hängt, macht einen das zugleich angreifbar für großen Kummer.

Am 10.2.2011 wurde ihr kleiner Malteser tot gebissen. In der Stuttgarter Zeitung wurde aus einem Gespräch mit Elisabeth berichtet, dass sie mit ihrem angeleinten Picco im Elisabethen-Park spazieren war, als zwei große, nicht angeleinte Hunde sich auf den kleinen Malteser stürzten und ihn regelrecht zerfetzten. Einem mutigen Passanten gelang es, das Hündchen aus den Fängen der Angreifer zu befreien und Elli das blutige Bündel in den Arm zu legen. Da aber sprangen die beiden großen Hunde an ihr hoch und bissen sie in die Hand.

Sloggi war ebenso am Boden zerstört wie Elli, als er von dem Vorfall und Piccos Tod erfuhr. Und er ist selbst heute noch hörbar wütend darüber, dass die Hundehalter unerkannt davongekommen sind und am Ende vielleicht sogar stolz darauf waren, dass sich bei ihren Hunden so ein Jagdtrieb erhalten hatte.

Elli und er waren sich damals einig, dass sie unbedingt wieder einen Hund wollten. Sie überlegten kurz, ob sie lieber etwas zeitlichen Abstand lassen sollten, bevor sie sich um einen neuen Malteser bemühten, entschieden dann aber, es gleich zu tun. Bei einer Züchterin in Kaiserslautern gab es gerade einen Wurf mit vier Wochen alten Welpen, die noch ein paar Wochen bei ihrer Mutter bleiben würden. Der Gedanke an die Kleinen ließ sie während des gesamten Urlaubs, der gerade anstand, nicht zur Ruhe kommen, und nach ihrer Rückkehr stellten sie nur schnell die Koffer ins Eck und fuhren sofort nach Kaiserslautern. Einer der Welpen, der sich erst im Hintergrund gehalten hatte, suchte bald von sich aus Kontakt zu ihnen. Nachdem Elli ihn auf den Arm genommen hatte, war die Auswahl von ihrer Seite aus eigentlich vollzogen. Da aber zeigte ihnen die Züchterin noch ein kleines Mädchen, das dann Werners Herz sofort eroberte.

Sie konnten sich nicht entscheiden zwischen den beiden, bis Sloggi Elli schließlich leise fragte, ob sie nicht beide nehmen sollten. „Spinnst du?“, hatte Elli zurückgefragt. Aber letztendlich fuhren sie dann doch mit zwei Welpen nach Hause, mit Bobbi und Angie – und haben es bis heute nicht bereut.

In den Jahren seit 2014 ergab sich auch noch mal ein Revival des Fußballthemas für Sloggi. Zwar spielte er selbst nicht mit, aber er organisierte Fußballturniere, z.B. den BOA-Soccer-Cup. Neben der BOA liefen Mannschaften verschiedener Stuttgarter Clubs und Lokale auf. Und Mr. Find war nicht nur für die Spielansetzungen, sondern auch für die Spielregie, die Spielerauswahl und die Moderation des Geschehens auf dem Rasen verantwortlich. Auch Wulle-Bier sorgte wieder mit für die nötige Stimmung.

2015 lernte er dann seinen künftigen Geschäftspartner Rainer näher kennen. Der war eine Zeit lang Teilhaber der Diskothek M 1 gewesen und hatte nach deren Konkurs eine Tätigkeit in einer Maschinenbaufirma aufgenommen. Über einen gemeinsamen Bekannten erfuhr Sloggi von seinem Interesse, Anteile an der BOA zu übernehmen und als neuer Geschäftspartner einzusteigen.

Er hatte ihn bis dahin nur als Gast der BOA gekannt. Aber in den bald folgenden Gesprächen hörten sich das Interesse und die konzeptionellen Überlegungen des künftigen Partners ernsthaft und kundig an. Es wurde ja Zeit für Sloggi, ernsthafter über die Zukunft der BOA und über seine eigene nachzudenken ...

Denn seit er in der zweiten Dekade des neuen Jahrtausends immer öfter wahrgenommen hatte, dass ihm das Atmen in bestimmten Situationen schwer fiel und er beim Treppensteigen manchmal kaum Luft bekam, machte er sich Gedanken um die eigene Gesundheit.

Eine Zeit lang fürchtete er, dass er am Ende vielleicht auch gegenüber Hunden allergisch wäre. Manche Allergien überraschen einen, wenn man am wenigsten damit rechnete, und eine Hunde-Allergie hätte für das Privatleben der Finds eine mittlere Katastrophe bedeutet! Aber die Tests brachten Entwarnung. An den Hunden lag es nicht. Eine Weile beschwichtigte er sich mit Vorsätzen der Art, auf mehr Ruhe und Schlaf zu achten und auch seine Ernährung umzustellen, damit es ein paar Kilos weniger würden.

Aber nichts davon gelang wirklich – die langen Nächte und die vielen und dichten Termine ergaben einen Alltag, in dem Vorsätze untergingen. Und besonders willensstark war er wohl auch nicht ... wann immer Aktivitäten anstanden, für die man ihn brauchte und wo man ihm erwartungsvoll ein Mikrophon in die Hand drückte, war er zur Stelle und schonte sich nicht. Warum auch ...

Er hatte sich bis dahin zumindest einmal im Jahr einer Vorsorgeuntersuchung beim Hausarzt unterzogen. Bisher waren die Blutwerte und das EKG einigermaßen „normal“ ausgefallen.

Sein Freund Stephan erzählte ihm von einer Präventionspraxis seines Bekannten Dr. Kuhn. Da solle er doch mal hingehen. Noch war Sloggi skeptisch. Dr. Kuhn war eigentlich Gynäkologe – und Elli seine Patientin. Als sie ein nächstes Mal bei diesem Arzt war, besorgte sie kurz entschlossen einen Präventionstermin für ihren Mann, wandte dann alle ihre Überredungskünste auf und brachte Sloggi wirklich so weit, mal in diese Praxis zu gehen. Mal eben durchchecken lassen – das wäre doch schnell erledigt!

Dr. Kuhn aber schickte ihn umgehend ins Diakonissenkrankenhaus zur Komplettuntersuchung. Dort stellte der Kardiologe Dr. Conrad dann eine Unregelmäßigkeit beim Belastungs-EKG fest, und es ging weiter mit einer Herzkathederuntersuchung. Die ergab, dass bei Werner gleich drei Arterien hochgradig verstopft waren. Dr. Conrad leitete ihn sofort weiter in die benachbarte Sana-Herzklinik, wo ihm Professor Doll schließlich klar machte, dass an einer sofortigen Bypass-OP kein Weg vorbei führe.

Eine Woche später, im Juli 2016, war es dann schon so weit.

Sloggi hatte nach der Diagnose und angesichts der Dynamik der Ereignisse große Bedenken und Ängste vor der OP, aber zum Glück verlief alles ohne Komplikationen. Sein Brustkorb war weit geöffnet worden, um die drei Bypässe zu legen. Ein schwerer Eingriff – mit gutem Ausgang. Nicht auszudenken, was hätte passieren können, wenn er nicht auf Elli gehört und die Untersuchungen wegen „dringender" Geschäfts- und Partytermine verschleppt hätte.

„Atembeschwerden haben Ursachen, man muss solche Anzeichen unbedingt ernst nehmen!", formuliert er, auch mit Blick auf etliche ihm vertraute Menschen in seinem heutigen Umfeld, die Erkenntnisse dieser Zeit.

Schon am ersten Tag nach der OP konnte er wieder im Sitzen frühstücken, am zweiten sogar mit vorsichtigen Schritten beginnen. Er entschloss sich auf Anraten von Dr. Doll dann zu einer stationären Reha in der Lauterbacher Mühle am Starnberger See, wo er weiter genas und sich wie in einem First-Class Hotel fühlte.

Seit diesem Ereignis hat Sloggi einiges in seinem Leben verändert. Aber nicht nur eine Ernährungsumstellung und zweimaliges Training pro Woche mit einem Personal-Trainer der Diakonie machen diese Veränderung aus.

Die Erleichterung, noch zu leben und gerade noch rechtzeitig begriffen zu haben, dass er sich um seine Gesundheit kümmern musste, sorgte für weitergehende Einsichten: Es ging jetzt endgültig darum, mehr Ruhe- und Entspannungsphasen in seinen Alltag hinein zu organisieren!

Organisieren ... in seinen geschäftlichen Feldern war er so gut darin. Jetzt musste er auch ganz privat über sich hinauswachsen, Entscheidungen treffen und Konsequenzen ableiten. Dass es für die BOA seit 2015 wieder einen Mitinhaber gab, schuf vielleicht gute Voraussetzungen dafür ...

Mit Fanta 4 Manager Bär

Die Gastrosophen – Sloggi und Bernd

Im Weinzelt Zaiss auf dem Stuttgarter Weindorf

Mit Martin Spanring und Hansi Müller

30 Jahre BOA – auch Inken Oettinger war dabei

Mit dem Cannstatter Büttel Wolfgang

Mit Elli und Alexander Müller

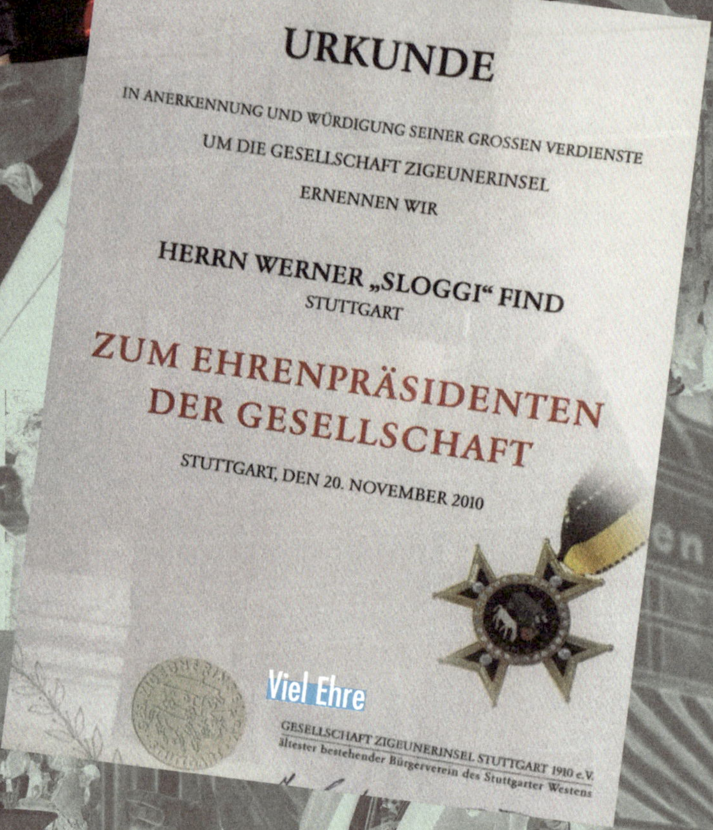

URKUNDE

IN ANERKENNUNG UND WÜRDIGUNG SEINER GROSSEN VERDIENSTE
UM DIE GESELLSCHAFT ZIGEUNERINSEL
ERNENNEN WIR

HERRN WERNER „SLOGGI“ FIND
STUTTGART

ZUM EHRENPRÄSIDENTEN
DER GESELLSCHAFT

STUTTGART, DEN 20. NOVEMBER 2010

GESELLSCHAFT ZIGEUNERINSEL STUTTGART 1910 e.V.
ältester bestehender Bürgerverein des Stuttgarter Westens

Viel Ehre

14 Blicke zurück und nach vorn

Jedes neue Jahr beginnt für Sloggi mit der Geburtstagsparty der BOA – immer am zweiten Samstag des neuen Jahres. Am 11. Januar 2020 hat sie nun schon zum 14. Mal in der Reithalle stattgefunden!

Ihr Kultstatus wurde dabei erneut deutlich, denn die Kartennachfrage konnte wieder nicht befriedigt werden. Mancher, der sich zu kurzfristig entschloss, ging leer aus. „Eigentlich ist es schön, wenn man einen Bedarf verwalten kann", sagt Sloggi, der sich weiterhin höchstpersönlich darum kümmerte, Stammgäste, Prominente und treue Fans per handgeschriebenem Brief einzuladen.

Unter den Partygästen sind inzwischen Vertreter aller Generationen. Die ältesten waren jung, als die Beatles aufkamen. Aber auch jüngere BOA-Fans lieben den Musik-Mix der 70er, 80er, 90er und die ungezwungene, heitere Stimmung dieser Geburtstagspartys.

In der Stuttgarter Zeitung war im Bericht von Daniela Eberhardt zu lesen, dass die 800 Karten für die Party 2020 bereits zwei Wochen nach Verkaufsstart im November restlos ausverkauft waren und die Feier bis in die frühen Sonntagmorgenstunden gedauert hat. Sie beschreibt die brechend volle Tanzfläche, die Champagnerkühler auf den Tischen, den Gin Tonic-Ausschank an der Bar und Rituale wie jenes, dass es um Mitternacht BOA-Kappen von der Balustrade regnete und Eistorte in Schlangenform gab.

Inzwischen begegnet Sloggi bei solchen Partys häufig Gästen, die erwachsen gewordene Kinder früherer oder noch heute präsenter Stammgäste sind und Grüße bestellen sollen. Ebenso kommen Ehepaare, die sich einst in der BOA kennengelernt haben und inzwischen vielleicht ihren Silberhochzeitstag hier begehen.

Für die Empfehlungen ehemaliger und das Interesse neuer Gäste sorgten weiterhin die angenehme Atmosphäre in der BOA und das herzliche, oft persönlich ausgesprochene Willkommen ihres Chefs, zum anderen aber die gute und gut tanzbare internationale Musik.

„Bei euch gibt's nach wie vor einen Mix aller möglichen Stilrichtungen und Hits?", frage ich nach.

„Alles außer Techno", erwidert Sloggi.

„Und Schlager? Helene Fischer ...?"

Auf diese Frage hin schüttelt der Schlangenmensch den Kopf und grinst ein bisschen.

Beim Thema Gäste der BOA kommt er gern auf solche zu sprechen, mit denen sich, wie von allein, wirklich gute Gespräche ergeben, Gespräche ohne die üblichen Plattitüden oder Stammtischwichtigtuereien, wie sie in Bars oft üblich sind. „Leute, die zuhören und nachfragen, oder die ehrlich von sich selbst erzählen, ohne Angeberei ...", benennt er seine Maßstäbe für gute, anregende Begegnungen. Besonders gern spricht er nach wie vor mit Menschen, die es auf die Bühnen oder zu TV-Produktionen geschafft haben, die dabei aber uneitel und aufmerksam geblieben sind.

„Die haben oft nette Storys zu erzählen, und wenn sie dann auch noch witzig sind, genieße ich diese Gespräche sehr!"

Ich frage nach, an wen er da besonders denkt. Spontan fällt ihm Christoph Sonntag ein. Den habe er früher nur vom Hörensagen gekannt, dann aber mal an die Prokis vermittelt, wo sein Programm sehr gut angekommen sei. „Danach war er öfter mal in der BOA und wir hatten jedes Mal gute Gespräche. Auch die ein... zwei... drei Weizenbiere bei uns haben ihm immer geschmeckt!"

Für 2017 hat Sloggi besonders gute Erinnerungen an Ben Becker, der nach einem Auftritt am Staatstheater noch spät vorbeigekommen sei. „Wir haben über Gott und die Welt gesprochen ..., die Zeit verging wie im Fluge und man hatte den Eindruck, als säßen da zwei, die noch ewig hätten weiterreden können."

So viel Vertrautheit mit einem, für den Sloggi bis zu diesem Abend wohl nur ein Mister Nobody aus der Schwaben-Metropole gewesen war. Aber seine Mitteilungsfreude und seine Ausstrahlung auf andere hingen und hängen ganz wesentlich davon ab, wie und mit welchen Tönen und Themen ein Gegenüber ihn anspricht. Ganz privat, als Werner Find, könnte ihn mancher für einen sehr introvertierten Menschen halten! Vom Sloggi, dem bunten Hund, der Rampensau, dem Spaßvogel, ist bei „uninspirierten" Begegnungen jedenfalls nichts zu spüren, da sitzt (und schweigt meist ...) nur jener Herr Werner Find.

Man muss ihn kennen. Oder richtig kennen lernen – nur dann erweist sich, dass sich im Gegenüber das Mischwesen Werner „Sloggi" Find verbirgt, der bei interessanten Anfragen und den richtigen Ansprechpartnern quasi aufleuchtet!

Das ist bis heute so geblieben. Sloggi braucht Inspiration und reizvolle Herausforderungen.

Wenn die Geburtstagsparty im Januar vorbei ist, fällt immer viel Last und Spannung von seinen Schultern; aber auch die Vorfreude auf diesen Höhepunkt fehlt danach ein bisschen, Vorfreude, die ihn immer schon im Herbst erreicht.

Zum Glück gibt es andere Aufgaben, um die er sich nach der Party in der Reithalle kümmern muss, denn schon im Januar läuft ja der Karneval auf Hochtouren.

Aber was hat ein Ehrenpräsident bzw. Ehrenrat der Gesellschaft Zigeunerinsel denn eigentlich zu tun? Er erklärt es mir: Vereine mit ihren langen Traditionen und vielschichtigen Historie müssen darauf bedacht sein, dass bestimmte Regeln und Ansprüche immer und für alle gelten und von den Vereinsmitgliedern mitgetragen und lebendig gehalten werden. „Bei Missachtung muss man als Ehrenrat einschreiten, ansprechen, was so nicht geht, die Dinge kommunizieren“, sagt er.

Kommunizieren – das konnte er schon immer. Dazugelernt hat er in den letzten Jahren, dass das Kommunizieren in schwierigen Situationen oder bei Konflikten der noch wichtigere, anspruchsvollere Part ist. Manchmal muss man zuvor die eigene Gutmütigkeit ablegen.

Wenn Berufseinsteigern aller Branchen heute nahegelegt wird, dass sie das Networking ernst nehmen und beherrschen müssen, könnte Sloggi als Beispiel dafür herhalten, dass Coachings wenig nützen, wenn einer die dazu benötigte Fähigkeit und Begeisterung nicht in sich trägt. Er hat sie. Seine Neugier, seine Kontaktfreudigkeit und sein Instinkt für Dinge, die gut zusammenpassen könnten, haben oft genug auch in schwierigen Situationen zu neuen und nachhaltigen Ideen und Projekten geführt.

Als Beispiel kann seine „Geschichte" mit Regine Schoenenberger gelten, eine gute Bekannte noch aus der Zeit, als er in der StZ-Mannschaft Fußball spielte. Noch heute ist er mit ihr in Kontakt, sie betreut die BOA mit ihren Werbeanzeigen und kümmert sich auch um die Anzeigen für Parties wie „BOA meets Friends" oder die Party Dance-Night bei der Tanzschule Burger und Schäfer. Hier zeigen sich wieder Verknüpfungen:

Über Regine und die Zeitung hatte Sloggi mal eine Einladung fürs Musical Tanz der Vampire bekommen. Neben ihm saß zufälligerweise Jörg Gallitz, der Chef der Tanzschule Burger und Schäfer Stuttgart. In der Pause stellte Regine sie einander vor – und aus diesem kurzen Gespräch ergaben sich 2017 eine Partyreihe mit der Tanzschule und eine Freundschaft mit Jörg Gallitz.

Sloggi ist im aktuellen Jahr mit der doppelten 20 bereits nicht mehr Chef der BOA, er ist seit über zehn Jahren auch nicht mehr Präsident „der Zigeuner". Er macht noch immer viel Party, er mischt noch mit ... aber allmählich wird er, das ist wie es ist, ja wohl doch zur Legende. Sieht er es so? Ist er wehmütig?

In den Presseartikeln der letzten Jahrzehnte wurde sein Name immer öfter mit der Bezeichnung Party-Legende verknüpft. Manchmal sei er da ein bisschen zusammengezuckt. So ehrte man Leute, deren große Zeit vorbei war, Legenden betreffen ja schon den Nachruhm, sind gewissermaßen Nachrufe. Egal ob der Wechsel plötzlich oder in kleinen Schritten erfolgt – man hat mit einem Mal nicht mehr die Rolle inne, die in den letzten Jahrzehnten selbstverständlich war. Dieser Rollenwechsel ist ihm bewusst. Er weiß, dass er ihn nur Schritt für Schritt vollziehen kann und auch ein bisschen daran leiden wird.

„Aber eigentlich habe ich alles erreicht, war Präsident der GZ mit der längsten Amtszeit im Verein und Vizepräsident im Landesverband, ich war Moderator bei der GZ, in der ARD und bei SWR 3, bin vielen Menschen aus Kultur und Politik begegnet, habe viele Freundschaften und tolle Begegnungen gehabt“, sagt er mit einer Stimme, die gründliche Reflexion und ein bisschen Wehmut ebenso wie Selbstbewusstsein erkennen lässt.

Auch als Ehrenpräsident des ältesten Stuttgarter Karnevalsvereins steht er für Traditionen – und deshalb für den Namen seiner Gesellschaft gerade. Am 11. Februar habe ich während einem unserer Gespräche in einem Cafe des Westens miterlebt, dass er einen Anruf von zwei Journalisten der „Bild“ erhielt, die ihn zum Thema Namensänderung der „Zigeunerinsel“ befragten. Der Stadtrat Pantisani wurde mit der Aussage zitiert, dass der Name Zigeunerinsel diskriminierend sei und sie immer wieder von Sinti und Roma darauf angesprochen würden.

Sloggi machte es mit seiner Antwort kurz. Kurz, klar und bündig: Ihr Name habe Tradition und stehe für eine so lange und reiche Geschichte, dass eine Namensänderung nicht in Frage komme.

Basta!, hätte ich hier noch ergänzen können, obwohl Sloggi das nicht gesagt hat. Aber das Wort schwang im Tonfall seiner Erwiderung mit. Kein Wunder, denn der Gesellschaft sind die Diskussionen zu ihrem Namen in den vielen Jahrzehnten ihres Bestehens schon öfter begegnet. In jüngster Zeit jedoch, von Eiferern größtmöglicher political correctness vorgetragen, häufen sie sich.

„Hoffentlich gelingt es, die Zigeunerinsel mit ihrer Geschichte, ihrer Unverwechselbarkeit und ihrer Anziehungskraft auch für neue und jüngere Mitglieder zu erhalten ...", sagte er bei diesem Caféhaustermin nachdenklich. Klar, dass er da nicht nur die Namensangelegenheit meinte.

Nachdem er 2010 die Präsidentschaft bei der Gesellschaft Zigeunerinsel nach 20 Jahren aufgegeben hatte, unterstützte er die Gesellschaft, wenn er darum gebeten wurde, als Ehrenpräsident und Ehrenrat.

Das tut er bis heute, und am liebsten mit Ideen, die Spaß und Gemeinschaftssinn neu anregen. So hat er gleich mehrere Faschingslieder von den Kölner Höhnern, Räuber etc. auf Stuttgarter Verhältnissse umgeschrieben. In der diesjährigen Prunkfestsitzung zum 110-jährigen Jubiläum sang er im Finale – zur Überraschung aller – ein ganz neues dieser „Umgeschriebenen", eines von den Klingelköpp: „Wenn am Himmel die Stäääarne daance".

Er braucht auch für solche „Projekte“ Inspiration. Von Köln aus erreicht sie ihn bis heute mit schöner Regelmäßigkeit.

Auch in der Saison 2020 hat er seine beiden Freunde dort wieder besucht und zusammen mit ihrer Truppe einen ganzen Tag und sechs Auftritte im Karneval bestritten. „Anstrengend, aber es war wieder ganz toll!“, erzählte er mir nach der Rückkehr.

Auch den Kinderfasching der Gesellschaft betreut er nach wie vor gern. Die Nachwuchsarbeit überhaupt liegt ihm sehr am Herzen.

„Wie kommen Sie denn klar mit Kindern?“, frage ich mit etwas Nachklang, denn ich will nicht aussprechen, dass er, als Nicht-Familien-Mensch, doch kaum Erfahrungen mit Fünf-, Sechs- oder Achtjährigen hat.

„Das funktioniert immer hervorragend. Manchmal fühle ich mich da wieder wie der Clown – einst, in meiner Klasse. Aber ich empfinde auch, dass ich persönlich vielleicht noch etwas Spaß und Ausgelassenheit nachholen kann, die mir in der eigenen Kindheit gefehlt haben. Mit Kindern zusammen gelingt das am besten!“

Zum Abschluss jeder Kampagne der Zigeunergesellschaft wird am Aschermittwoch der aktuelle Baron beerdigt. Dann gibt Sloggi den Pfarrer „Pater Noster“, der mit launigen Worten ein Resümee über den Verlauf der Kampagne zieht und, in Versform, die Verdienste des Barons und der Aktiven würdigt. So bleibt er der Gesellschaft noch ein bisschen in seinem Metier erhalten, und das macht ihm auch weiterhin Spaß.

Aber Spaß macht längst nicht alles, was man mit bald 70 erlebt, fühlt und denkt. Schon die Formulierung „bald 70“ flößt Sloggi Grauen ein.

2011 noch hat er in einem Interview kurz vor seinem 60. Geburtstag gesagt, dass die 60 ein Horror-Alter sei und dass er zu diesem Geburtstag lieber verreisen würde. Vielleicht lag dem ja die Hoffnung zugrunde, dem Alter und einer notwendigen Neubestimmung des eigenen Lebens an diesem Scheitelpunkt entfliehen zu können, wenn man weit weg reiste? Sich ein Domizil in der Karibik suchen, so wie es andere auch machten? Bei einem solchen Plan musste man selbst nicht gar zu gründlich nachdenken, was man von den restlichen Lebensjahrzehnten noch erwartete, sondern man begab sich in die Sonne und ließ alles laufen, wie es gemeinhin als Inbegriff für einen verdienten und gehobenen Lebensabend stand.

Werner und Elisabeth Find haben vor ein paar Jahren gewissermaßen den Test mit einem solchen Lebensabendentwurf gemacht und mehrere Wochen in Spanien verbracht. „Aber das war es für uns beide nicht!“, sagt Sloggi – und schüttelt wie zur Bekräftigung den Kopf.

Auch wenn er nach wie vor und noch das ganze Jahr hindurch einzelne Partys und Moderationen plant und organisiert, beschäftigt ihn die Frage weiter, wie er bzw. wie er und Elli die nächsten Jahre verbringen werden. Eine Entscheidung ist allenfalls dahingehend gefallen, dass sie nicht nach Spanien gehen, sondern in Stuttgart bleiben. Aber viel verreisen werden sie – manchmal auch getrennt voneinander, weil Sloggi großes Interesse an thematischen bzw. Bildungsreisen hat, wohingegen es Elli an Strände und Küsten drängt. Auch, um dort zu tauchen. Wozu sonst hätte sie im letzten Jahr den Tauchschein gemacht! Kompromisse dergestalt, dass sie taucht und er die Ruhe im Strandkorb genießt, wird es auch in Zukunft öfter geben, aber bei anderen Reisezielen wird wird es besser sein, wenn er sie für sich allein plant ... und dann vielleicht stundenlang in einem Museum oder Bauwerk unterwegs ist, wo sich Kunst und antike Kulturen nachempfinden lassen. Das kann er, allein, dann mehr genießen.

Von Rom erzählt Sloggi: „Ich kenne wahrscheinlich sämtliche Schuhläden Roms! Aber weil die Elli so eine Sparsame ist, kauft sich ja nur selten wirklich was, schaut aber in manchen Läden gern ein zweites Mal rein, um nichts zu kaufen!" Einmal ist auch er ein zweites Mal mit in einen Laden gegangen – weil sie zuvor vereinbart hatten, dass sie sich dafür die Sixtinische Kapelle mit anschaut.

Seit dem 3. April nun im siebzigsten Lebensjahr angekommen, hat Sloggi die Zeit, das Geld und viel Lust auf weitere Reisen. „Nur zuhause zu sein und gar auf Anrufe oder Einladungen zu warten, damit ich aus dem Lesesessel oder von meiner Lieblingscouch hochkomme – das wäre verheerend! In meinem Fall muss es für genussvolles Entspannen immer mal wieder das ganz Andere, was Begeisterndes oder Aufwühlendes geben!", sagt er.

Erinnerungen an Vergangenes und Erwartungen an Kommendes – sie gehören auch während der Abende in seinem Lesesessel zusammen.

„Ich hatte immer zu wenig Zeit – hab sie mir einfach nicht genommen. Da versäumt man, was zu entdecken und auszuprobieren, was außerhalb des Pflichtprogramms liegt. Aber Kultur- und Städtereisen – da zieht es mich hin, das will ich jetzt unbedingt richtig ausleben!"

Die Erinnerungen an seine Lieblingsstadt New York (sie kommt vom Rang her für ihn gleich hinter Stuttgart!) zum Beispiel, in der er schon acht- oder neunmal war und die ihn immer wieder fasziniert: Neben privaten Trips in diese "City that never sleeps" war er mit der Zigeunerinsel mal bei der berühmten „Steuben-Parade" dort. Und bei einer Kulturreise mit der StZ, bei der sie jeden Tag ein anderes Museum besuchten, erlebten sie als krönenden Abschluss „Romeo und Julia" in der Metropolitan Oper. „Solche Highlights haben meine Leidenschaft für Museen und Oper, die in BOA-Zeiten oft in den Schlummermodus versetzt werden musste, zum Glück ein Leben lang erhalten", formuliert es Sloggi. Und er erinnert sich weiter: „Bei einem der Trips wollte ich in der Met unbedingt mal Luciano Pavarotti live erleben. Weil die Buchung von Deutschland aus gescheitert war („ausverkauft!"), ging ich, vor Ort eingetroffen, einfach auf gut Glück an die Kasse. Und tatsächlich – einer der Verkäufer konnte mir einen Rückläufer anbieten! Da war ich total happy!"

Er hat Pavarotti insgesamt dreimal gehört: In Verona in der Arena („Aida"), in New York in der MET („Lucia di Lammermor") und zuletzt, zwei Jahre vor dem Tod des großartigen Tenors, in der Hanns-Martin-Schleyer-Halle, als er ein Konzert mit seinen besten Arien gab.

Amerika hatte Sloggi schon seit seiner Jugend fasziniert, aber erst, als die BOA und seine anderen Unternehmungen wirklich liefen, konnte er sich häufigere, kostspieligere und längere Reisen leisten. So unternahm er in den Neunzigern mal einen großen Trip nach Las Vegas, Los Angeles und San Francisco und flog anschließend noch eine Woche nach Hawaii. Der Flug zurück nach Deutschland dauerte insgesamt 24 Stunden, aber er hatte so viele Eindrücke im Gepäck, dass er diese bisher längste, intensivste Reise seines Lebens immer wieder machen würde – und in Gedanken bis heute wieder und wieder macht. Und genießt. Ein „Mehrwert“, den es bei nichts sonst gibt!

In Las Vegas hatte er unbedingt die „Siegfried und Roy“- Show anschauen wollen. Und wieder spielte ihm der Zufall in die Hände und er bekam einen Platz in der ersten Reihe. „Dort sah man dann alles genauer und erkannte, wenn mal eine Abdeckung nicht richtig justiert war, die geheimen Tricks ...“. Das Beste kam für ihn zum Schluß, als Siegfried und Roy an den Bühnenrand kamen und „Shake-hands“ verteilten. Auch Sloggi erlebte sein ganz persönliches Händeschütteln.

Die USA und besonders New York seien faszinierend, betont Find beim Thema Reisen gern. Aber leben wolle er da nicht. Und auch für die nächsten Jahre steht das Trump-Reich eher nicht als Reiseziel an.

Sloggi hat Städtereisen auf neue Weise für sich entdeckt, war zuletzt in Venedig, in St. Petersburg und Moskau und hat als nächstes Lissabon, Madrid, Stockholm, Helsinki, Peking und Shanghai auf der Liste.

Von St. Petersburg schwärmt er, findet die Stadt mit ihrer Geschichte und Baukultur, den Museen und der Natur mittendrin und ringsherum wundervoll. Von Moskau dagegen war er nicht angetan. Auch dazu steht er. Man muss nicht alles gut finden, wovon andere schwärmen, die es halt anders erlebt haben. Es sind halt andere ...

Im letzten Jahr haben Elli und Sloggi Kroatien als Urlaubsort für sich entdeckt. Sloggi hatte zuvor allerdings heftige Vorurteile überwinden müssen, die sich bei Ellis Vorschlag eingestellt hatten. Sie stammten noch aus dem Jahr 1978, als er zusammen mit der Münchner Film-Gruppe mit dem Auto nach Griechenland gefahren war und sie die Autoroute durch das damalige Jugoslawien nehmen mussten. „Vier Mal bin ich von der Polizei angehalten worden! Und jedes Mal bedeutete das eine ‚Strafzahlung', richtig viel Geld, um weiterfahren zu dürfen! Damals hab ich beschlossen, das Land nie wieder zu betreten!"

„Das Land" ist im Geschichtenlauf zum Glück ein völlig anderes geworden, und von heute aus ist Sloggi sehr einverstanden damit, dass Elli ihn überredet hat. An der kroatischen Riviera fanden sie in Tucepi ein Hotel wie für sie gemacht: direkt am Strand, tolles Essen und vor allem glasklares Wasser. Dass es keinen Sandstrand gibt, ist für ihn ideal. Denn Monsieur kann es überhaupt nicht leiden, wenn die Haut voller Sand ist. „Ein ganz sauberes Bürschle eben!", würde es in einer Büttenrede über ihn heißen.

Und auch ein Genießer, wenn es um kulinarische Erlebnisse geht.

Für Lokalbesuche – oft mit, aber auch ohne Elli, häufig mit befreundeten Menschen, ab und zu auch gern mal allein – gibts für ihn unterschiedliche Anlaufpunkte. Italienisch isst er am liebsten bei Valle oder Perbacco, griechisch im Hirsch in Möhringen oder bei Achillion im Stuttgarter Westen, spanisch bei Il Taurino oder El Vaquita. Und natürlich hat er auch schwäbische Lieblingslokale, so Kochenbas, den Kachelofen, die Tauberquelle oder das Paulaner. Steakhäuser wie das Abacco oder das Block House dürfen in der Aufzählung nicht fehlen. Und ein Sinnes- und Genussmensch wie Sloggi braucht in seinem Stuttgart natürlich auch tagsüber gastliche Orte, wo er einen Cappuccino trinken, vielleicht ein Stück Torte essen, Zeitung lesen und Leute beobachten kann. Letzteres mag er! Woher auch sonst sollen Ideen für Sketche oder Umdichtungen von Kölner Faschingsliedern kommen! So wären hier noch das Café Stöckle („mit dem besten Kartoffelsalat der Stadt!"), das Chamäleon im Hafendörfer oder die Katz-Dependancen zu nennen.

Nur gilt hinsichtlich der gastlichen Stätten natürlich genau wie bei den bekannten oder gar prominenten Menschen, die in diesem Buch erwähnt werden: Mehr als eine kleine Auswahl geht nicht!

In Gesprächen mit Sloggi werden sich sofort auch andere Namen und wärmste Empfehlungen ergeben, auf die man was geben kann. Er ist nun mal ein bunter Hund – kennt die Stadt wie seine Westentasche (die es in seinen Pullovern allerdings nicht gibt).

Nach Ägypten oder Marokko wird Sloggi nicht mehr fahren, das steht für ihn fest. Die Kultur und die Art der Menschen dort gefallen ihm nicht, besonders, wenn man die Rolle von Frauen und das penetrante Auftreten von Männern miterleben muss. Das ist unsere westliche Perspektive, natürlich. Aber warum sollte er sie verleugnen? Von Dubai dagegen schwärmt er, dort waren sie auch als Ehepaar schon mehrere Mal. Während andere Zeitgenossen Dubai ablehnen, weil sie nichts mit dem zur Schau gestellten Reichtum, der Superarchitektur und den synthetischen Urlaubslandschaften dort anfangen können, sind für Sloggi die wunderbaren Hotels, die sauberen Strände, das immer gute Wetter und die angenehmen Wassertemperaturen von mindestens 27 Grad entscheidend – und das alles nach nur fünf Stunden Flug!

„Man nimmt mit 69 Jahren zum Glück endlich die eigenen Wünsche und Ansprüche ernst – und lässt sich viel weniger von der Meinung anderer Leute beeindrucken", sagt er mit einem verschmitzten Grinsen.

Bei vielen der gemeinsamen Reisen von Elli und Sloggi waren auch die beiden Hunde dabei, und wenn die Finds sie mal nicht mitnehmen können, finden Angie und Bobbi in einer Pension in Unterriexingen eine liebevolle Betreuung. Was schon der Terrier Lady einst in Oberbayern offenbarte – nämlich dass Sloggi Hunde auf besondere Weise anzieht – zeigt sich auch in der Gegenwart deutlich, denn die beiden Malteser sind ziemlich auf Werner fixiert. Ihre Körbchen stehen im Schlafzimmer an Elisabeths Seite des Bettes. Aber wenn

Werner morgens wach wird und ein kleines Zeichen gibt, sind beide Hunde sofort bei ihm und begrüßen ihn voller Lebendigkeit im neuen Tag. „Wie machst du das nur, dass sie immer zu dir wollen! Ich kümmere mich doch viel regelmäßiger, grade dann, wenn du viel unterwegs bist!“, wundert sich Elli dann oft.

Frei zu sein von so vielen drängenden Verpflichtungen und Terminen und das dann auch genießen können – er lernt es immer besser. Im Gespräch allerdings gesteht er plötzlich ein, manchmal Probleme mit seiner Freizeit zu haben. Ich frage zurück: „Sie reicht nicht?“ Er antwortet zu meiner Überraschung: „Nein, ich weiß nicht immer, wie ich sie am besten verbringe.“ Es gebe die Abschnitte einzelne Tage und manchmal einer halben Woche, wo er empfindet, dass er die Zeit zu dumpf verbringt. Fernsehgucken zum Beispiel, vor allem dann, wenn er und Elli sich bei der Auswahl einer Sendung zuvor auf einen Kompromiss verständigt haben und dann beide nicht glücklich damit sind ...

Wer kennt sie nicht, die zu dumpf und passiv verbrachten Stunden vor dem Fernseher oder vor dem PC-Bildschirm. Hätte man stattdessen doch lieber was Richtiges unternommen und sich in Bewegung gesetzt!

Für einen Werner Find, der jahrzehntelang in der Regel mehrere Dinge gleichzeitig oder dicht hintereinander gemanagt hat, ist es ein Einschnitt, dass er selbst nun immer öfter ruhig bleiben und nur aufnehmen und möglichst genießen soll, was durch andere initiiert worden ist.

Auch das Lesen hat er neu entdeckt. Denn das letzte Mal „Leseratte“ ist er wahrscheinlich in seiner frühen Jugend gewesen. Man braucht zusammenhängende Zeit, um sich in ein dickes Buch oder auch nur in einen anspruchsvoll konzipierten Artikel zu vertiefen. Zusammenhängende Zeit nur für sich aber hatte er viele Jahrzehnte lang nicht.

Außer zweier Tageszeitungen und den Wochenzeitungen Stern und Spiegel liest er heute gerne Biographien, Romane und Krimis, besonders die skandinavischen. Im Augenblick liegen das neueste Buch von Dieter Nuhr auf seinem Sofa und der aktuelle Roman von Hakan Nesser.

Eine wertvolle Erfahrung ist es für ihn auch, dass sich die familiäre Verbundenheit zu seiner „Fast-Schwester“ Ilse aus den Kindheitstagen erneuert hat. Letztes Jahr hat er sie und ihren Mann mal wieder in Bayern besucht, wo sie das frühere Sägewerk zu Hotel und Pension um- und ausgebaut haben und so gewissermaßen auch in der Gastronomie angekommen sind. Mit den Siemens-Standorten in der Nähe sind sie gut ausgelastet, lieben die Landschaft und fühlen sich zuhause.

„Ich hätte nie gedacht, dass sich der Kontakt zu meiner Cousine hält und wir gerade in den letzten Jahren wieder so gut miteinander reden können“, erzählt Sloggi, der doch kein Familienmensch ist und so wenige Verwandte hat. Zumindest gibt es nur spärliche Kontakte. „Außer hin und wieder ein Begräbnis – sonst haben wir Nachkommen meiner väterlicherseits doch recht fruchtbaren Großeltern kaum Kontakt zueinander“, sagt er mit etwas Bedauern in der Stimme.

Der Fußball und insbesondere der VfB bringen zum Glück aber andere, recht regelmäßige Begegnungen und eine emotionale Bewegtheit in sein Leben. Bei den Heimspielen, wenn er neben seinem Freund Stephan in der Loge sitzt, oder beim Stammtisch, erkennen ihn viele, grüßen oder nehmen sich die Zeit für ein lockeres Gespräch. Auch Jogi Löw oder Hansi Müller fragen bei solch einer kurzen Begegnung danach, wie es ihm gehe und was er so macht. „Das tut gut ...", sagt Sloggi, der das Zeug zum einsamen Wolf nicht hat.

Er interessiert sich jetzt immer mehr für Geschichte und Politik, hatte ja auch in diesen Bereichen stets viele Bekannte und Berührungspunkte. Hätte nicht auch die Politik ein sinnvolles Berufsbild für ihn ergeben können, frage ich ihn zum Ende unserer Gespräche erneut.

Er denkt kurz nach, erzählt dann, dass er von Bekannten aus der CDU auch schon mal angefragt worden sei. Seine Bekanntheit in Stuttgart wäre ein großer Vorteil gewesen.

„Damals hatte ich aber noch viel zu viele Pöstchen, da hätte die Politik keinen Platz mehr gehabt. – Aber wenn ich heute sehe, wie viele Dinge in der Gesellschaft völlig falsch laufen und was man mit einfachen, bodenständigen Lösungen da doch eigentlich schnell ändern könnte, hätte Politik für mich schon eine Option sein können. Doch jetzt bin ich zu alt dafür."

Er habe auch überlegt, ob er es nicht, so wie sein Vater im Alter, mit dem Malen versuchen sollte. Es würde ihn reizen. Und von heute aus bedauert er es mit jedem

Lebensjahr mehr, dem Vater nicht gehorcht zu haben, der ihn in der Kindheit zum Erlernen eines Instrumentes gedrängt hatte. Ihm aber war das Fußballspielen zu wichtig gewesen, und Spaß und ein bisschen Bewunderung durch Freunde hatte er sich in der Rolle des Clowns, ganz ohne Fleiß und Disziplin, ja immer verschaffen können.

Von heute aus bedauert er besonders, dass er in seinen jungen Jahren keine Ausbildung bzw. ein Studium im Fach Gesang oder Schauspiel angestrebt hat. Als Partymacher hat er auch aus dieser Begabung profitiert, doch möglicherweise wäre Gesang oder Schauspielerei ja die noch anspruchsvollere, erfüllendere Herausforderung für sein gesamtes Leben geworden?

Aber vielleicht – wahrscheinlich sogar! – lag in seinen „Wahlfächern" Party, Disco, Fasching und Moderation letztendlich der einzig richtige, wirklich zu ihm passende Mix!

„Sloggy“ feiert wieder mit alten und neuen Freunden

Bereits zum zehnten Mal fand am Samstagabend „Boa meets Friends“ in der Alten Reithalle statt. „Leute, es ist unglaublich, wie die Zeit vergeht“, sagte Boa-Chef Werner „Sloggi“ Find (Foto) und eröffnete damit offiziell die Party. Die Menge hatte nur auf dieses Kommando gewartet und stürmte die Tanzfläche. Vor zehn Jahren sei man zum ersten Mal von der 1977 eröffneten Boa-Diskothek in der Tübinger Straße auf die Alte Reithalle ausgewichen, als man den 30. Geburtstag der Boa in größeren Räumlichkeiten feiern wollte, erinnert sich der gelernte Immobilienkaufmann Find. „Das hat so gut funktioniert, dass wir dabei geblieben sind.“ Auch diesmal ist die Alte Reithalle mit 800 Besuchern wieder ausverkauft gewesen, es kommen alte Freunde, Boa-Stammgäste, aber auch neue Gesichter. „Es ist eine gute Mischung“, meint „Sloggy“ Find. Beim Programm haben sich bereits Traditionen wie etwa die Eisbombe um Mitternacht etabliert. Es glitzert, wo man hinsieht: an Kronleuchtern, auf Schuhen und Kleidern, auf Augenlidern und Fingernägeln. Ansonsten scheint der Dresscode Schwarz-Weiß-Chic zu sein, bunte Farben sind eher in der Unterzahl. Auch nächstes Jahr soll die Boa-Geburtstagsparty in der Alten Reithalle beim Hotel Maritim stattfinden – dann feiert die Kultdiskothek ihren 40. Geburtstag. (fri)

40 Jahre BOA –
auch Christoph Sonntag gibt sich die Ehre

Die Brüder Klaus und Frank Nopper

Das BOA-Team 2010

Mein Ehrengast Lupus mit Gattin

Elli mit Kevin Kuranyi und Remy Butterlin

Mit Freunden, Partnern, Prominenten

Mit Partner Bode Drees

Jörg Gallitz und Regine Schönenberger – von Partnern zu Freunden geworden

Veuve Clicquot
Reserviert
Mit Rainer Frankfurth, dem neuen BOA-Chef
GEROgrafie
Mercedes-Benz
Bank
© www.perfectfotos.com
by Wolfgang List
Roof-Top-Party

Die Porsche Roof-Top-Party

Reithalle

15 And I just can't get enough

In die BOA geht Sloggi jetzt nicht mehr oft. Er nimmt noch einzelne Aufgaben wahr, hat sich ansonsten aber in eine eher beratende Rolle zurückgezogen, weil Rainer Frankfurther jetzt das ist, was Sloggi von 1989 bis 2015 war: Alleiniger Geschäftsführer der GmbH.

In der Stuttgarter Partyszene identifizieren viele die BOA noch immer mit Sloggi. Das ist wahrscheinlich auch für seinen Nachfolger nicht leicht.

Für Sloggi aber stellt sich nach wie vor die Frage, was er selbst ohne die BOA sein wird.

Die BOA. Als über vierzigjähriges Disco-Reptil trägt sie ihren Namen weiter voller Stolz.

Die Zeit aber ist auch in der Tübinger Straße nicht stehen geblieben, die Schlange verändert sich. „Ich sehe da viel, was ich eigentlich nicht sehen will, aber ich kann und ich will auch nicht mehr eingreifen", sagt Sloggi.

Manchmal kommt es vor, dass er einen Termin in der BOA wahrgenommen hat, sich drinnen aber wie ein Fremder fühlte. Wo sind die Freunde und Bekannten, mit denen es früher regelmäßig zu lebhaften Gesprächen kam? Noch immer kennt er etliche der Gäste. Und auch, wenn er in anderen Lokalitäten Stuttgarts unterwegs ist, begegnet er vielen Menschen, die er für gute Bekannte, gar für Freunde gehalten hatte.

In dieser großen Freundesschar trennt sich in den letzten Jahren aber immer deutlicher die Spreu vom Weizen. Liegt es auch an ihm selbst? Oder doch vor allem an den vermeintlichen Freunden, die nun erkennen lassen, dass sie in ihm jetzt lediglich den normalen Menschen, nicht aber mehr Sloggi, den Tausendsassa mit den vielen Kontakten und Ideen, sehen – und ihr Interesse deshalb abgeflacht ist?

„Manche lassen das sehr deutlich spüren. Aber ich bin wegen des großen G auf meiner Stirn ja auch selber schuld, war oft ein bisschen naiv, was angebliche Freunde betraf", sagt Sloggi.

Elli erzählte im Gespräch, dass ihr Mann im privaten Umfeld eher zurückhaltend und oft überhaupt nicht kommunikationsfreudig sei. „Nimm doch ein Mikrophon in die Hand!", provoziert sie ihn dann, wohl weil sie meint, dass er nur eine Blockade überwinden müsse.

Sloggi selbst sieht seine „Blockade" an anderer Stelle. Er hat Enttäuschungen und Ernüchterungen erlebt, was Freundschaften betrifft, und er empfindet im Zusammensein mit anderen immer öfter, dass Gespräche banal und nicht aufrichtig sind, Interesse aneinander nur geheuchelt wird.

Ein Gedicht von Mario de Andrade ist ihm wichtig geworden, in dem der portugiesische Autor eindringlich ausspricht, dass er Menschen nicht mehr treffen will, die nur aufgeblasene Egos sind, solche, die einen nur täuschen und benutzen, aber eigentlich leer sind und einem nur die Zeit stehlen. Denn seine Seele sei in Eile.

Auch Sloggis Seele ist in Eile. Weshalb er lernen muss, mit seiner Zeit so umzugehen, dass sie ihm jetzt, in der Nach-BOA-Ära, nicht mehr lang wird und leer scheint.

Das aber kann nur bei Begegnungen mit inspirierenden Menschen, durch ernsthafte Herausforderungen und interessante Erlebnissen gelingen.

Manche seiner Aufgaben als Ehrenpräsident, banale Gespräche mit vermeintlichen „persönlichen" Fans und Einladungen zu Repräsentationsaufgaben jedoch langweilen ihn inzwischen. Das verbirgt er dann auch nicht.

Wie schön ‚Freiheit' gerade an dieser Stelle doch ist! Man muss kein Interesse mehr heucheln, wenn sich jemand mal wieder mit Belanglosigkeiten produziert. Vielleicht hatte man bisher ja nur mitgespielt, um so jemanden nicht als Vereinsmitglied zu verlieren?

Vorbei solche Zwänge, vorbei die Verstellung!

Sich mit seinem Freund Stephan zu treffen, ein gutes Buch zu lesen, klassische Musik zu hören, mit Elli und den Hunden durch die Parks zu spazieren oder Lokalbesuche in Stuttgart zu genießen, sich auf eine Reise zu freuen – das wird den Werner „Sloggi" Find in den nächsten Jahren beschäftigen. Er ist schon recht frei geworden und wird noch zunehmend freier werden. „Da kommt", witzelt er „ja auch irgendwann immer mehr Weisheit dazu!".

Als Partymacher will er sich künftig ausschließlich solche Rosinen herauspicken, von denen er weiß, dass sie ihm selbst und den besonders treuen Freunden und Gästen am besten bekommen.

Stammtischfreunde Berti und Thomas

Die Kölner Freunde „Friedel" ...

... und Susanne

Stephan ...

... der beste, wichtigste Freund!

Vom Meister selbst …

Bei Cousine Ilse und Ehemann Willi in Bayern – Familienbande, die seit Jahrzehnten halten

Sloggi ist Hahn im Korb

event

Party-Mekka seit 1977

Während in den letzten Jahren in der Landeshauptstadt ein enormes Club- und Diskothekensterben zu beobachten ist, erfreut sich die Boa auch nach 43 Jahren einer ungebrochenen Beliebtheit.

Wieder einmal war die Alte Reithalle brechend voll. Kein Wunder, denn Stuttgarts Kult-Disko Boa feierte an diesem Abend den 43. Geburtstag. 800 Nachtschwärmer waren der Einladung von Chef Werner „Sloggi" Find gefolgt und feierten bis in die frühen Morgenstunden.

Vieles hat sich im Lauf der Jahre geändert, nur die Stimmung und Partylaune der Boa-Fans, die sich selbst liebevoll als „Boaisti" bezeichnen, ist immer noch genauso groß, wie in den Anfangstagen. Und so waren auch dieses Mal die Tickets wieder Wochen im Voraus ausverkauft, die Gäste bestens gelaunt und die Alte Reithalle fast schon zu voll zum Feiern. Dies taten die meisten der Geburtstagsgäste dann ausgelassen unter den alten Kronleuchtern bei wummernden Beats der Hits aus den 70er und 80er Jahren, Champagner, Bier oder Red Bull. Wer nicht mehr reinkam, machte es sich einfach in der Hotellobby gemütlich, die kurzerhand zur Ersatz-Party-Location umfunktioniert wurde und aß Currywurst. Pünktlich um Mitternacht kredenzten Werner Find und sein Team den Gästen dann die obligatorische Geburtstagsleckerei in Form einer riesigen Eistorte, gespickt mit leuchtenden Wunderkerzen. Fast scheint es, als sei die Kult-Disco heutzutage gefragter denn je. Für den Erfolg „seiner" Boa hat Clubchef Sloggi eine ganz einfache Erklärung: „Ich denke, es liegt daran, dass wir keinem Trend hinterher rennen, aber stets den persönlichen Kontakt zu unseren Gästen ganz hoch setzten.". ■

Peter Schwarzkopf, bekannt für seine Fellbacher Rosen (re. mit Silke Wallisch), brachte einen tollen Strauß mit für Elisabeth und Werner „Sloggi" Find

Boris Männich

Ein kleiner Nachschlag

Das Ende dieses Buches ist da, dabei gäbe es noch einiges zu berichten, z.B. aus meiner wilden Zeit in München (1969–72), als wir jedes Wochenende nach Schwabing fuhren und dort ganz unterschiedliche Lokalitäten und Clubs besuchten.

Unvergesslich sind für mich die Abende in der damaligen „Schickeria-Diskothek“ Tilbury, gleich neben dem Hofbräuhaus, oder in meiner damaligen Lieblingsdisco, dem „Sugar-Shack“, die alle paar Monate ihre Einrichtung veränderte. Legendär auch die Lokale der iranischen Samy-Brüder wie das Drugstore, das Citta 2000 oder die erste deutsche Großraumdiskothek – das „Blow-Up“.

Ich werde auch nie vergessen, wie ich dort dem englischen Sänger Barry Ryan („Eloise“) auf den Fuß getreten bin ... anschließend hatten wir einen tollen Abend zusammen!

Zu Beginn der BOA flogen wir mindestens vier- bis sechsmal jährlich nach Ibiza und erlebten dort noch den ursprünglichen Flair der Insel, wie man ihn heute vergeblich sucht. Man saß in einem Café – und neben einem war plötzlich der berühmte englische Fotograf Hamilton, und abends, an der Promenade, traf man Leute wie Niki Lauda oder Peter Maffey.

Beinahe hätten wir damals auch eine Diskothek (das heutige Amnesia) übernommen, aber nachdem wir die seichten, mafiösen Kaufbedingungen nicht akzeptieren wollten, nahmen wir davon Abstand (war wohl besser so). Sicherlich gäbe es noch die eine oder andere Geschichte, die sich hier gut erzählen ließe, aber einmal ist halt Redaktionsschluss. Vielleicht ja demnächst mal in kleinerer Runde ...

MAUSEFALLE - BON - MADDOX - TREIBHAUS - DON Q
YEARS

Bildquellennachweis:

Kurt Schäfer
Master Records GmbH
Gerografie
www.perfectfotos.com by Wolfgang List
Jens Staubitz
und weitere

Herzlichen Dank an alle genannten und ungenannten Fotografen!